Zeiten und Menschen

Schüleraufgaben mit Pfiff

Band 1

Herausgegeben von: Arbeitsheft 2

Hans-Jürgen Lendzian
und
Wolfgang Mattes

Autor:

Wolfgang Mattes

Schöningh

Bildquellenverzeichnis

Archiv für Kunst und Geschichte, Berlin: S. 3 M.l., S. 4 /3, S. 18/A, S. 32 l., S. 33 u.r., S. 36, S. 41, S. 47 u.; Bildarchiv Preußischer Kulturbesitz, Berlin: S. 4 r./2. Abb. von o., S. 34 o., S. 33 u.l., S. 40, S. 44/2, S. 46; British Library, London: S. 3 u.1.; Deutsches Museum, München: S. 34 u., Edition Fleurus, Paris (Illustrationen: MIA – G. Costa, R. Berselli, Ink Link): S. 6, S. 26; Explorer/Mary Evans: S. 3 o.r.; Rainer Gaertner/DGPh, Köln: S. 25 u.r.; Gutenberg-Museum, Mainz: S. 34 M.; Kunstverlag Maria Laach: S. 25 l./2; Louvre, Paris: S. 14 o.r.; mediacolors: S. 25 o.r. (Damm); Middelhave Verlags GmbH AG: S. 20 u.r.; Thames and Hudson Ltd., London: S. 27/3, S. 28/2; weitere: Verlagsarchiv Schöningh.

Sollte trotz aller Bemühungen um korrekte Urheberangaben ein Irrtum unterlaufen sein, bitten wir darum, sich mit dem Verlag in Verbindung zu setzen, damit wir evtl. notwendige Korrekturen vornehmen können.

© 2004 Bildungshaus Schulbuchverlage
Westermann Schroedel Diesterweg Schöningh Winklers GmbH
Braunschweig, Paderborn, Darmstadt

www.schoeningh-schulbuch.de
Schöningh Verlag, Jühenplatz 1–3, 33098 Paderborn

Das Werk und seine Teile sind urheberrechtlich geschützt.
Jede Nutzung in anderen als den gesetzlich zugelassenen Fällen bedarf der
vorherigen schriftlichen Einwilligung des Verlages.
Hinweis zu § 52a UrhG: Weder das Werk noch seine Teile dürfen ohne eine
solche Einwilligung gescannt und in ein Netzwerk gestellt werden.
Das gilt auch für Intranets von Schulen und sonstigen Bildungseinrichtungen.

Auf verschiedenen Seiten dieses Buches befinden sich Verweise (Links) auf
Internet-Adressen. Haftungshinweis: Trotz sorgfältiger inhaltlicher Kontrolle wird
die Haftung für die Inhalte der externen Seiten ausgeschlossen. Für den Inhalt
dieser externen Seiten sind ausschließlich deren Betreiber verantwortlich. Sollten
Sie dabei auf kostenpflichtige, illegale oder anstößige Inhalte treffen, so bedauern
wir dies ausdrücklich und bitten Sie, uns umgehend per E-Mail davon in Kenntnis
zu setzen, damit beim Nachdruck der Verweis gelöscht wird.

Druck A $^{5\ 4\ 3\ 2}$ / Jahr 2009 08 07 06
Alle Drucke der Serie A sind im Unterricht parallel verwendbar.
Die letzte Zahl bezeichnet das Jahr dieses Druckes.

Druck und Bindung: westermann druck GmbH, Braunschweig

ISBN 13: 978-3-14-034524-8
ISBN 10: 3-14-034524-0

Inhaltsverzeichnis

Europäisches Mittelalter

Mit der Zeitmaschine zu Gast bei einem
  mittelalterlichen Festessen **6**
Mittelalter: Was ist das eigentlich? **8**
Die Wurzeln des Mittelalters **9**
Das Christentum: die wichtigste Wurzel des Mittelalters **10**
Wie wurden die Karolinger Herrscher im Frankenreich? **11**
Karl der Große trifft Papst in Paderborn –
  Wir schicken eine Ansichtskarte **12**

Das Leben Karls des Großen als Reise – ein Spiel **14**
Mittelalterliches Lehnswesen – Wir stellen es
  als Pyramide dar **16**
Wir überreichen dem Herrscher die Reichsinsignien **17**
Herrschern über die Schultern geblickt: Wie sind
  sie mit der Macht umgegangen? **18**
Landleben im Mittelalter: Wie ernährten die Bauern
  immer mehr Menschen? **20**
Leben auf der Burg – Wir spielen einen Gerichtstag **21**
Leben im Kloster – Wir berichten vom Alltag
  des kleinen Markus **22**
Leben in der mittelalterlichen Stadt – Ein Tag bei
  einer Kölner Metzgerfamilie **23**
Romanische und gotische Kirchen **24**
Menschen in der mittelalterlichen Stadt **26**
Christentum und Islam treffen aufeinander:
  Beginn der Kreuzzüge **28**
Die Eroberung Jerusalems **29**
Weltreligion Islam **30**

Aufbruch in eine neue Zeit

Nikolaus Kopernikus stellt sein neues Weltbild vor **32**
Die Humanisten: Wer sind sie, was haben sie geleistet? **33**
Warum ist Gutenberg „Mann des Jahrtausends"? **34**
Renaissance, Humanismus, Frühkapitalismus –
   Was gehört wozu? **35**
Der Aufbruch in ferne Länder:
   Wer war Christoph Kolumbus? **36**
Das Bordbuch des Kolumbus –
   Wir stellen eine zerstörte Quelle wieder her **37**
Zwei historische Karten richtig gelesen **38**
Ein Diener Atahualpas klagt die spanischen Eroberer an **40**
Religiöser Aufbruch: Wer war Martin Luther? **41**
Glaubensspaltung und Reformation –
   Wir erstellen eine Chronik der Ereignisse **42**
Der Bauernkrieg: ein Aufstand des kleinen Mannes **44**
Wir vertreten die Forderungen der Bauern in freier Rede **45**
Der Dreißigjährige Krieg **46**
Wir entwerfen ein Flugblatt gegen die
   Hexenverfolgungen **48**

Liebe Schülerinnen und Schüler,

habt ihr Lust an einem mittelalterlichen Festessen teilzunehmen, mit Karl dem Großen auf Reisen zu gehen, einen König einzukleiden, einen Gerichtstag auf einer Burg nachzustellen, in das Leben in einer mittelalterlichen Stadt einzutauchen?

Das und vieles andere könnt ihr mit diesem zweiten Arbeitsheft zu Band 1 eures Geschichtsbuches „Zeiten und Menschen" tun.

Ihr benötigt dazu den Band 1, die Zeitmaschine, die euch hier des Öfteren zur Verfügung steht, und eine gute Portion Fantasie.

Wir wünschen euch wieder viel Freude bei der Bearbeitung dieses Heftes, das ihr gemeinsam im Unterricht, aber auch zu Hause ausfüllen könnt.

Bevor ihr mit den Übungen beginnt, solltet ihr natürlich die Seiten in „Zeiten und Menschen", Band 1 durcharbeiten, auf die jeweils verwiesen wird.

Europäisches Mittelalter

Mit der Zeitmaschine zu Gast bei einem mittelalterlichen Festessen

☞ Diese Aufgabe könnt ihr ohne euer Buch bearbeiten.

Ihr habt ein unvorstellbares Glück. Euch hat nämlich ein Schreiben des Burgherrn Sigismund erreicht. Er lädt euch dazu ein, an einem Festmahl teilzunehmen, das er und seine Gemahlin zu Ehren des Landesfürsten geben werden, der mit seinem Gefolge zu Besuch auf seiner Burg weilt. Als Termin für euren Besuch gibt er den 15. September im Jahr 1280 nach der Geburt Jesu Christi an. Da ihr im Besitz einer Zeitmaschine seid, ist die Reise für euch kein Problem. Hinterher werdet ihr allerdings einige Fragen eurer Mitschülerinnen und Mitschüler beantworten müssen. Sie platzen nämlich geradezu vor Neugier.

Euer Auftrag: *Berichtet von eurem Besuch im Mittelalter und beantwortet die Fragen.*

So ist das eben mit diesen Zeitmaschinen. Man weiß nie genau, wo man landet. Du stehst plötzlich in einem engen Raum, in dem große Hitze herrscht. Es riecht nach gekochtem Fleisch und Gemüse. Offenes Feuer flackert in einem großen Kamin. Darüber hängt ein riesiger Kessel, in dem es brodelt und blubbert. Du bist in der Burgküche gelandet. Du entdeckst nur ein einziges, winziges Fenster, das mit Pergamentpapier, nicht mit Glas abgedichtet ist. Überall an den Wänden hängen Kessel, Schöpfkellen und anderes Geschirr. Zwei Mägde bringen einen Bottich voll Wasser in die Küche. Klar, es gibt ja kein fließendes Wasser. Der Koch nimmt eine Prise Pfeffer aus einem Steintopf und wirft es in die Soße. Sorgfältig verschließt er den Gewürztopf, denn Pfeffer ist fast so wertvoll wie Gold. Die Vorbereitungen für das Festmahl sind in vollem Gange.

Nun begibst du dich an die Festtafel. Fanfaren erklingen. Der Burgherr Sigismund und seine Gemahlin Brunhilde betreten den Saal. Die Gemahlin hat das Haar kunstvoll hochgesteckt. Sie trägt einen Ring und eine sehr schöne Brosche. Auch fallen dir die bunten, offensichtlich sehr kostbaren Gewänder auf. Danach erscheinen die Ehrengäste. Sie nehmen zusammen mit dem Hausherren und seiner Frau an einer erhöhten Ehrentafel Platz. Ein Knappe gießt ihnen aus einem Krug Wasser über die Hände und reicht ihnen ein Handtuch.

Die Tische sind mit bestickten Tüchern bedeckt. Du siehst Trinkgefäße, Salzfässer, Messer und Löffel. Gabeln gibt es nicht. An der Stelle eines Tellers hat jeder Gast ein große Scheibe dunkles Roggenbrot vor sich liegen. Darauf wird man die Speisen legen.

Nun klatscht der Hausherr in die Hände. Das ist das Zeichen, dass das Mahl beginnt. Die Gesellen des Kochs transportieren große Platten voll beladen mit Speisen in den Raum. Der Vorkoster nimmt von allen Speisen einen Bissen. Man wartet ab, ob ihm schlecht wird. Nach ein paar Minuten ahnen alle, dass nichts vergiftet ist. Die Gäste legen ihre mitgebrachten Messer auf die Tische und nun geht das Schmausen richtig los.

Nach und nach füllt sich die Tafel. Es werden Platten voller Flussfische gereicht, die in Essig eingelegt sind. Es gibt Lammfleisch mit Zwiebeln, gebratene Hühner und Gänse mit Zwetschgen, eine Art Rührei mit groben Pfefferkörnern, Keulen von Schweinefleisch, die mit Gurken umlegt sind. Dazu gibt es Suppen, Pasteten und Soßen. An Gemüsesorten entdeckst du Erbsen, Kohl, Hirse und Möhren. Nudeln, Kartoffeln und Reis gibt es nicht.

Die Gäste greifen mit den Händen in die Schüsseln und tunken ihr Brot in die Soßen. Sie trinken Wein, der mit Honig und Zimt gewürzt ist, und Bier. Auch den Kindern wird verdünnter Wein gereicht, weil man Angst hat, dass sie von reinem Wasser krank werden könnten. Die Kinder sind wie kleine Erwachsene gekleidet.

Neben dir schneuzt sich ein Nachbar laut und vernehmlich in den Ärmel seines Gewandes und wirft einen abgenagten Hühnerknochen wieder in eine Schüssel zurück. Daraufhin zupft dich ein bärtiger Mann mit einem vornehmen Hut am Ärmel und flüstert dir zu: „Dieser Kerl benimmt sich wie ein Bauer. Viele haben leider keine Manieren am Tisch. Sie greifen mit beiden Händen in die Schüsseln, schmeißen Abfälle hinter sich und bohren sich vor den Augen aller anderen Gäste in den Zähnen. Glaube aber nicht, dass das ein normales Benehmen ist. Auch wir haben Regeln bei Tisch. Zum Beispiel ist es unhöflich, seinen Löffel an seinem Gewand zu säubern. Wenn neue Platten hereingebracht werden, langt man nicht als Erster zu. Man kratzt sich nicht am Kopf und bohrt nicht in der Nase. Wenn man ein Glas zum Trinken angeboten bekommt, wischt man sich den Mund vorher ab. Muss man spucken oder sich schneuzen, so tut man das ganz vornehm hinter sich auf den Boden."

Das Festmahl dauert nun schon mehrere Stunden. Auf Tischen mit heißer Glut werden die Speisen warm gehalten. Es gibt auch Wild, das der Burgherr auf seiner letzten Jagd erlegt hat. Wieder spricht ein Gast dich höflich an: „Glaube nur nicht, dass in diesen Zeiten überall so üppig gegessen wird wie hier an dieser Festtafel", sagt er. „Die einfachen Leute essen so gut wie nie Fleisch. Für eine Bauersfamilie muss ein Schwein ein ganzes Jahr reichen. Eine normale Mahlzeit besteht für sie aus Brot, Hirsebrei oder Erbsbrei und zwar immer wieder. Zu trinken gibt es abgekochtes Wasser. Was die Menschen auf dem Land essen, erzeugen sie selbst. Gibt es Missernten, müssen sie hungern."

Allmählich geraten die Gäste um dich herum in ausgelassene Stimmung. Wieder klatscht der Hausherr in die Hände. Fanfaren erklingen und es treten die Gaukler auf. Alle Gäste erfreuen sich nun an den Darbietungen der Jongleure, Feuerschlucker und Messerwerfer. Dann tritt ein Minnesänger auf und singt ein ergreifendes Lied. Nun erheben sich die ersten Gäste von ihren Plätzen und beginnen zu tanzen.

Doch für dich wird es nun Zeit, deine Zeitmaschine aufzusuchen und die Reise zurück anzutreten.

Nach deiner Rückkehr notierst du:

1. Das ist mir bei meinem Besuch im Mittelalter besonders aufgefallen:	2. Das ist heute selbstverständlich, gab es aber damals noch nicht:	3. Das haben wir heute auch noch in ähnlicher Form:

Und hier die vielen Fragen, die deine Mitschülerinnen und Mitschüler nach deiner Rückkehr an dich haben. Kannst du sie vor der Klasse beantworten?

- Wie sah es in der Küche und im Festsaal aus?
- Was gab es zu essen?
- Haben die immer so üppig gegessen?
- Hatten die Menschen damals überhaupt keine Tischmanieren?
- Wie lief so ein Festmahl eigentlich ab?

Mittelalter: Was ist das eigentlich?

☞ Diese Aufgabe bezieht sich auf die Seiten 182 und 183.

Burgen, Ritter, Hexen, Könige, Kaiser, Kriege und Frieden, Pracht und Elend – das Mittelalter ist eine Epoche mit so vielen unterschiedlichen Themen und Ereignissen, dass ihr euch über einen längeren Zeitraum damit beschäftigen werdet. Deshalb ist es wichtig, dass ihr euch zu Beginn einige grundlegenden Informationen über diese Zeitspanne notiert und einprägt, die ihr möglichst nicht mehr vergessen solltet.

Euer Auftrag: *Füllt den Lückentext aus und prägt euch die grundlegenden Informationen über das Mittelalter ein.*

1. Als Mittelalter wird die Epoche bezeichnet, die zwischen zwei anderen Epochen liegt, nämlich dem _____ und der _____ .

2. Wir haben es beim Mittelalter mit einer Zeitspanne von rund _____ zu tun.

3. Das Mittelalter beginnt um _____ mit dem _____ .

4. Die Bezeichnung geht nicht auf Menschen zurück, die im Mittelalter lebten. Sie wurde erst im _____ von Gelehrten entwickelt.

5. Die lange Zeitspanne des Mittelalters lässt sich grob in drei weitere Zeitspannen untergliedern, nämlich das _____ , das _____ und das _____ .

6. Manche Historiker sehen im Jahr 1492 das Ende des Mittelalters. In diesem Jahr kam es nämlich zur _____ .

7. Andere Historiker halten es für sinnvoll, das Mittelalter mit dem Jahr 1517 enden zu lassen. In diesem Jahr begann nämlich die _____ .

Diese Begriffe müssen an der richtigen Stelle eingesetzt werden:

17. Jahrhundert – 500 – Reformation durch Martin Luther – Entdeckung Amerikas durch Christoph Kolumbus – Spätmittelalter – Neuzeit – Frühmittelalter – Altertum – 1000 Jahren – Hochmittelalter – Untergang des Römischen Reiches

---

Man kann sich wichtige Informationen auch dadurch gut einprägen, dass man sie in ein kleines Gedicht oder in einen Song verpackt. Aus den folgenden sechs Zeilen lässt sich leicht ein Gedicht zum Thema „Mittelalter" zusammenstellen.

- Die Neuzeit hinterher begann
- Wir sind natürlich gar nicht dumm
- Mit dem Ende der Römer hat es begonnen
- Das Altertum war vorher dran
- Und wissen, das Mittelalter ist längst rum
- Und um 1500 ist es zerronnen

Natürlich könnt ihr auch euer eigenes Gedicht über das Mittelalter verfassen.

Die Wurzeln des Mittelalters

☞ Diese Aufgabe bezieht sich auf die Seiten 182 und 183 (vgl. außerdem S. 164/165 und 174/175).

In eurem Geschichtsbuch ist zu lesen, dass sich im Mittelalter drei Faktoren miteinander zu einem neuen Ganzen vermischen. Damit sind die römische Tradition gemeint, das Vordringen der germanischen Stämme und die Christianisierung Europas. Diese drei Faktoren werden als die Wurzeln des Mittelalters bezeichnet. Auf dieser Seite findet ihr eine Reihe von Aussagen, die sich auf jeweils eine der Wurzeln beziehen. Man kann sie benutzen, um eine übersichtliche Tabelle anzulegen.

Euer Auftrag:

Übernehmt die Übersicht in euer Heft und ordnet die einzelnen Aussagen richtig zu.

Die drei Wurzeln des Mittelalters

Traditionslinie Christentum	Traditionslinie römisches Erbe	Traditionslinie Germanen

A Vieles von dem, was die Römer entwickelt hatten, wurde zum Bestandteil des Mittelalters.

B Missionare verkündeten auch außerhalb der Grenzen des ehemaligen Römischen Reiches den christlichen Glauben

C Das römische Straßennetz blieb als Heerstraßen und Handelswege erhalten.

D Im 4. und 5. Jahrhundert drangen germanische Stämme in das Römische Reich ein und ließen sich dort nieder.

E Latein blieb in der Kirche und der Wissenschaft die Sprache des Mittelalters.

F Nach dem Untergang des weströmischen Reiches wurde der Bischof von Rom zunehmend zur religiösen Autorität für den Westen.

G Die Herrscher im Mittelalter ließen sich wie die römischen Kaiser auf Münzen abbilden.

H Der Kontakt zwischen römischer und germanischer Kultur war intensiv und die Germanen brachten neue Formen des Zusammenlebens in die (ehemals) römischen Gebiete ein.

I Die ehemals römischen Städte behielten ihre Funktion als Verwaltungszentren.

J Viele römische Sitten und Gebräuche blieben erhalten.

K Die germanischen Stämme wurden oft von einem König regiert, so wie es auch im Mittelalter der Fall sein wird.

L Schon im frühen Mittelalter entwickelte sich das Christentum zur vorherrschenden Religion in Europa.

© Schöningh Verlag 3-14-034524-0

Das Christentum: die wichtigste Wurzel des Mittelalters

☞ Diese Aufgabe bezieht sich auf die Seiten 168 bis 173.

Stellt euch vor:
Ihr habt eure Zeitmaschine angeworfen und begebt euch in das Jahr 500 n. Chr. Ihr seid mit Gundulus Taborius zum Interview verabredet. Er ist ein Christ, dessen Vorfahren die germanische Völkerwanderung einst ins Römische Reich gebracht hat. Mit der Zeit hat sich seine germanische Familie allmählich mit den Römern vermischt. Seine Familie blickt auf eine lange christliche Tradition zurück.
Die heutige Öffentlichkeit wartet gespannt auf die Antworten, die ihr als Reporter aus dieser längst vergangenen Zeit mitbringen werdet. Wir stellen uns vor, das Band mit den Antworten sei auf der Rückreise versehentlich gelöscht worden. Ihr müsst daher die Antworten rekonstruieren und könnt dann das vollständige Band vor der Klasse vorspielen. Die Klasse meldet euch anschließend zurück, ob die Antworten so zutreffend gewesen sein können. Wenn ihr Zweifel habt, könnt ihr noch einmal in den Seiten über die Ursprünge des Christentums nachschlagen.

Euer Auftrag: *Vervollständigt das Interview und tragt es zu zweit vor der Klasse vor.*

① Verehrter Gundulus Taborius, Sie sind ein Christ. Können Sie uns sagen, woher Ihre Religion ursprünglich stammt und was Sie über Jesus Christus wissen?

② Heute ist Ihre Religion akzeptiert und Sie können friedlich leben. War das immer so? Haben Ihre Vorfahren im Römischen Reich ihren christlichen Glauben auch so friedlich ausüben können?

③ Unsere Leser und Hörer wüssten gerne, welche Bedeutung die römischen Kaiser Konstantin und Theodosius für das Christentum haben.

④ Vor vielen Jahren sind zahlreiche Römerinnen und Römer zum christlichen Glauben übergetreten. Ist es Ihnen möglich, einen Unterschied zwischen dem christlichen Glauben und der früheren Götterwelt der Römer zu verdeutlichen?

⑤ Können Sie uns abschließend noch etwas über die zentralen Inhalte Ihres Glaubens erzählen, was z.B. bedeutet „Evangelium"?

Wie wurden die Karolinger Herrscher im Frankenreich?

☞ Diese Übung bezieht sich auf die Seiten 186 und 187.

Um diese Frage zu beantworten, sollt ihr einmal versuchen, einen längeren Text aus eurem Geschichtsbuch mit euren eigenen Worten zusammenzufassen. Dazu ist es vor allem nötig, die wichtigsten Aussagen bzw. die entscheidenden Schritte auf diesem Weg herauszufinden und richtig wiederzugeben. Um euch die Arbeit zu erleichtern, werden euch einige Stichworte vorgegeben.

Euer Auftrag:

1. Lest den Text auf S. 186/187 zunächst nochmals ganz genau und markiert die vorgegebenen Stichworte.
2. Formuliert dann anknüpfend an diese Stichworte mit eigenen Worten, worum es dabei geht, d.h. versucht die wichtigsten Aussagen so zusammenzufassen, dass ein kleiner zusammenhängender Text entsteht.
3. Ihr könnt euren Text als Kurzreferat vortragen; die Klasse gibt dann Rückmeldung, ob alles Wichtige berücksichtigt ist.

Stichworte: Königsheil – Königsfamilie – germanisches Heereskönigstum – Fürst Chlodwig – Entscheidung Chlodwigs, zum Christentum überzutreten – Chlodwigs Tod – Machtverlust des Königsgeschlechts – Hausmeier – Familie der Karolinger

Karl der Große trifft Papst in Paderborn – Wir schicken eine Ansichtskarte

☞ **Diese Aufgabe bezieht sich auf die Seite 190.**

Am 23. Juli 799 kam es in Paderborn zum Treffen zwischen Karl und Papst Leo III. Der Papst war in Rom einer Verschwörung von Adeligen entkommen, die ihm einen unchristlichen Lebenswandel vorwarfen. Sie hatten ihn im April des gleichen Jahres bei einer Prozession durch die Stadt Rom überfallen und versucht ihm die Augen auszustechen und ihm die Zunge herauszuschneiden. Der Heilige Vater konnte sich retten und floh in einer zehnwöchigen Reise nach Paderborn. Dort erbat er die Hilfe des mächtigen Frankenherrschers. Über das Treffen schreibt ein Chronist:

„Karl erstrahlt inmitten des Heeres, frohgemut; golden deckt der Helm das Haupt, glanzvoll erscheint er in der Waffenrüstung, ein riesiges Ross trägt den gewaltigen Führer. Vor dem Lager stehen die Scharen der Priester. Die Ankunft des Papstes erwarten der gesamte Klerus und das festlich gekleidete Volk."

Euer Auftrag:

Wieder einmal seid ihr mit der Zeitmaschine unterwegs und beobachtet das Treffen zwischen Karl und Leo. Dieses Mal werden wir eine Ansichtskarte aus der Vergangenheit anfertigen und zwar eine ganz besonders wirkungsvolle Klappkarte. Es geht ganz einfach, wenn ihr euch die Anleitung durchgelesen habt. In den Kasten könnt ihr euren Text für die Karte schreiben.

Hallo, ihr Lieben,
ihr wollt wissen, was hier los ist in Paderborn. Also:

Achtung: Alle Elemente dürfen auch im zusammengeklappten Zustand der Karte nicht hervorgucken!

Anleitung:

Du benötigst eine Schere, Klebstoff, zwei Bögen Fotokarton (DIN-A 4), Buntstifte und eine Kopie der folgenden Seite.

1. Knicke einen Kartonbogen in der Mitte zu einer Klappkarte im DIN-A 5-Format.
2. Fertige eine Kopie der folgenden Seite an.
3. Schneide die Seite entlang der gestrichelten Linie durch. Klebe die Hälfte mit dem Landschaftshintergrund in den oberen Teil deiner Klappkarte.
4. Klebe die Figurengruppen auf Karton und schneide sie aus.
5. Nun kannst du den Hintergrund und die Figurengruppen (Volksmenge, Priester, Soldaten, Karl den Großen und Papst Leo III.) ergänzen bzw. farbig gestalten.
6. Falze die Figuren an der oberen Kasten-Linie und klebe sie in die Klappkarte ein.
7. Mithilfe deiner Informationen über das Treffen kannst du am Ende einen Ansichtskartentext verfassen.

(bearbeitet nach: Christiane Brehm, Paderborner Königsbote – Papst und König in Paderborn!, Schöningh/Paderborn 1999)

Das Leben Karls des Großen als Reise – ein Spiel

☞ Diese Aufgabe bezieht sich auf die Seiten 190 bis 193 und 196/197.

Was hat Karl der Große wann gemacht?

Im Buch habt ihr eine Reihe von Daten aus dem Leben Karls des Großen erfahren. Ihr habt auch gelesen, dass Karl in einem Zeitraum von 24 Jahren 82 000 Kilometer zurückgelegt hat, eine ungeheure Summe, wenn man bedenkt, dass die Durchquerung seines Reiches auf dem Rücken eines Pferdes damals mindestens sechs Wochen in Anspruch nahm.

Mithilfe des folgenden Spiels könnt ihr euch in kleinen Teams die wichtigen Lebensdaten von Karl dem Großen einprägen und auch erklären, was er wann wo gemacht hat. Bildet Gruppen von drei bis vier Personen. Legt die folgende Seite vor euch auf den Tisch. Der Spielplan zeigt Stationen auf dem Lebensweg Karls. Weiterhin benötigt ihr einen Würfel und jeweils eine Spielfigur.

So könnt ihr vorgehen:

1. Ihr würfelt der Reihe nach und rückt der Würfelzahl entsprechend Felder auf dem Spielplan weiter.
2. Ist euer Feld bereits besetzt, rückt ihr auf das nächste Feld.
3. Jeder würfelt immer nur einmal.
4. Wenn ihr bei eurer Reise auf Felder kommt, die mit einem Datum bzw. einer Jahreszahl versehen sind, notiert ihr euch diese Zahl auf einem Blatt oder im Heft.
5. Beendet ist das Spiel, wenn alle Teilnehmer über die Ziellinie gekommen sind.

Nach dem Ende des Spiels beginnt die eigentliche Arbeit.
Jeder aus der Gruppe informiert sich nun genauer über alle die Daten aus Karls Leben, die sie oder er notiert hat. Dazu müsst ihr in den entsprechenden Seiten im Buch nachschauen. Prägt euch die Ereignisse gut ein.

Mit euren Kenntnissen bereitet ihr nun eine Vorstellung von Daten aus dem Leben Karls des Großen vor. Dazu fügt ihr eure einzelnen Spezialkenntnisse zu einer gemeinsamen Gesamtpräsentation von Karls Leben zusammen. Es spricht immer die- oder derjenige, der nach der Reihenfolge in Karls Leben dran ist. Übt den Vortrag in der Gruppe und berichtet dann vor der Klasse.

© Schöningh Verlag 3-14-034524-0

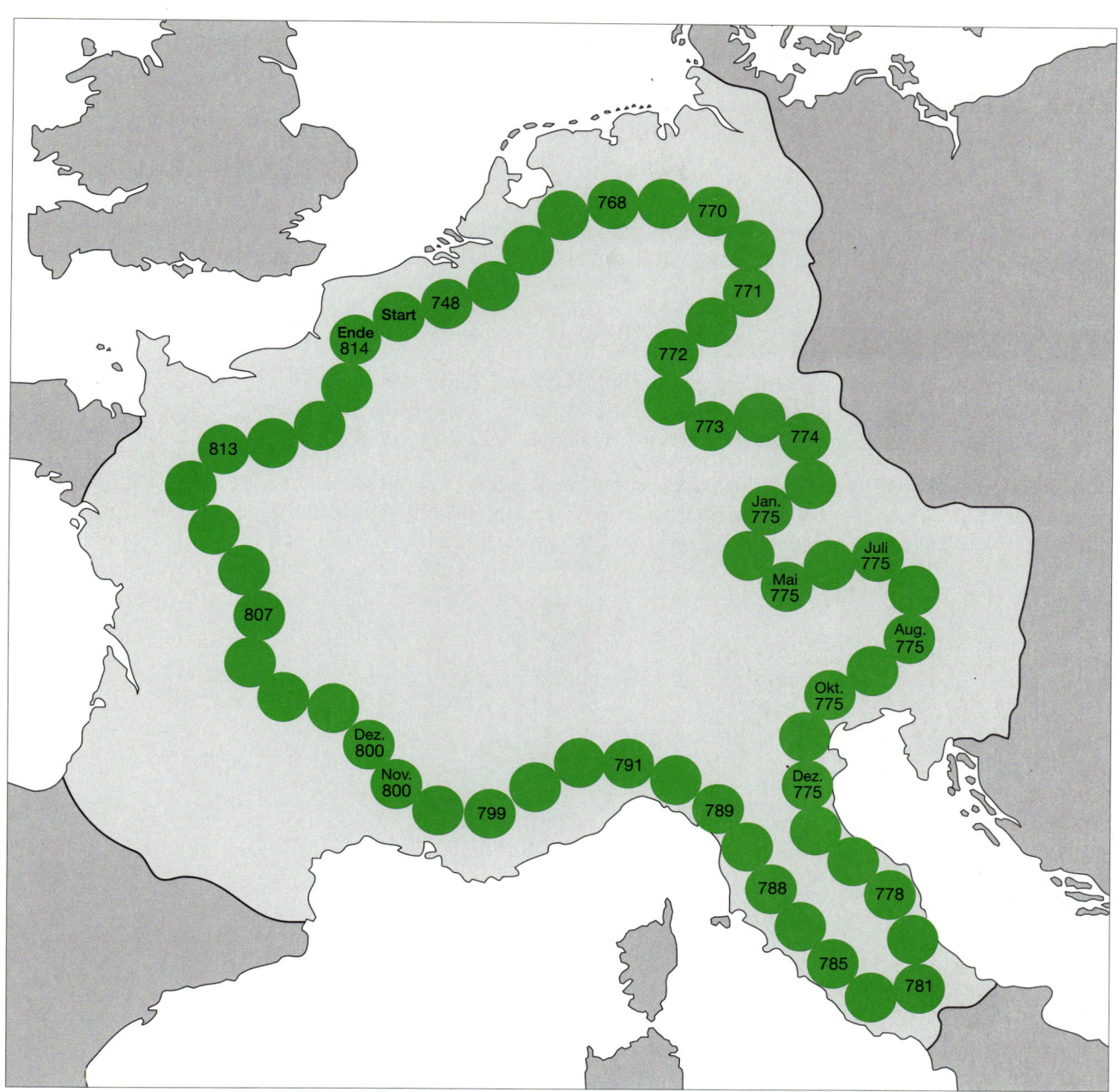

Mittelalterliches Lehnswesen – Wir stellen es als Pyramide dar

☞ Diese Aufgabe bezieht sich auf die Seiten 198 und 199.

Die staatliche und gesellschaftliche Ordnung im Mittelalter beruhte auf dem Lehnswesen. Mithilfe der Pyramide auf dieser Seite könnt ihr den Aufbau vor der Klasse vorstellen. Allerdings ist das Schaubild noch nicht beschriftet.

Euer Auftrag:

1. Beschriftet das Schaubild und stellt mit seiner Hilfe das Lehnswesen vor.
2. Erklärt dabei die Begriffe Lehen, Lehnsherr, Vasall (Kronvasall und Untervasall) und Lehnsfrau. Wenn ihr euch nicht sicher seid, solltet ihr noch einmal die Seite 199 durchlesen.

Besonders gut werdet ihr euch das Lehnswesen einprägen, wenn ihr den Aufbau in der Klasse oder auf dem Schulhof mit allen Schülerinnen und Schülern in Form eines Dreiecks darstellt. Alle halten dabei ein Schild mit der Bezeichnung ihres Amtes in der Hand und es wird ein Foto gemacht.

Begriffe zum Schaubild:
König, Herzöge, Bischöfe, Grafen, Kronvasallen, Ritter, Äbte, Dienstmannen, Untervasallen, abhängige Bauern.
Berücksichtigt auch die ergänzende Beschriftung des Schaubilds auf S. 198 eures Buches.

Wir überreichen dem Herrscher die Reichsinsignien

☞ Diese Aufgabe bezieht sich auf die Seiten 206 und 207.

Würdet ihr Otto, so wie er hier auf dem Thron sitzt, für einen König halten? Wahrscheinlich nicht, denn es fehlen ihm die Reichsinsignien. Das sind die Herrschaftsabzeichen, die ihn und seine Bedeutung als Kaiser oder König für jedermann erkennbar machen.

Euer Auftrag:

1. Malt das Bild farbig aus und stattet König Otto mit den Reichsinsignien aus. Vier wichtige Gegenstände gehören in das Bild (vgl. auch das Bild auf S. 189 in eurem Geschichtsbuch).
2. Welche Reichsinsignien gibt es außerdem?

© Schöningh Verlag 3-14-034524-0

Herrschern über die Schulter geblickt: Wie sind sie mit der Macht umgegangen?

☞ Diese Aufgabe bezieht sich auf das gesamte Kapitel (vor allem S. 185–187, S. 204–209 u. S. 212–219).

Im Buch habt ihr an mehreren Beispielen kennen gelernt, wie die Herrscher im Mittelalter an die Macht gelangten und wie sie dann mit dieser Macht umgegangen sind. Vier von ihnen werden auf dieser Doppelseite vorgestellt. „Leider" ist bei der Anordnung der Materialien einiges schief gelaufen. Die Zuordnung der Herrschernamen, ihrer Lebensdaten und ihres Bildes zu den Beschreibungen haben wir vergessen. Das müsst ihr zuerst einmal nachholen. Dann solltet ihr für jeden der Herrscher vier wichtige Informationen notieren, die ihr euch langfristig einprägen wollt. Der Kasten nebenan zeigt am Beispiel Karls des Großen, wie man so etwas machen kann.

Euer Auftrag:
1. Ordnet die Namen, Bilder (drei davon findet ihr auch in eurem Geschichtsbuch), Daten und Lebensbeschreibungen einander zu.
2. Schreibt über jeden der Herrscher vier Informationen auf, die ihr euch merken wollt.

Karl der Große …
1. regierte sein riesiges Reich vom Sattel seines Pferdes aus,
2. wurde 800 vom Papst zum Kaiser gekrönt,
3. hielt sich am liebsten in Aachen auf,
4. gilt heute als einer der Väter Europas.

A   B   C   D

912 bis 973   714/715 bis 768

1050 bis 1106   1194 bis 1250

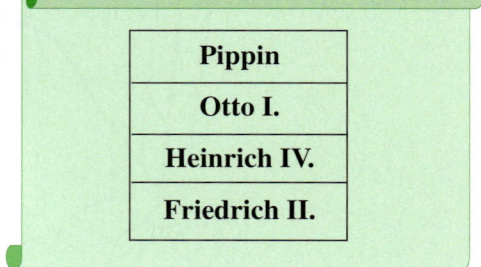

Pippin

Otto I.

Heinrich IV.

Friedrich II.

Nummer 1

Wie schon sein Vater war der gesuchte fränkische Herrscher zunächst ein so genannter Hausmeier. Seine Aufgabe bestand darin, die königlichen Güter zu verwalten und im Namen seines Königs die Regierungsgeschäfte zu führen. Da er ehrgeizig und zielstrebig war, war ihm das auf Dauer zu wenig. Er wollte die Macht nicht nur ausüben, er wollte sie auch besitzen.

Mit Zustimmung des Papstes und der mächtigen Adeligen setzte er den bisherigen König ab und ließ sich selbst zum König erheben. Außerdem versprach er, den Päpsten künftig militärischen Schutz zu gewähren und schenkte der Kirche Land für einen Kirchenstaat. Dafür salbte der Papst ihn zum rechtmäßigen König.

Nummer 2

Von seinem Vater Heinrich zum König bestimmt, wurde der gesuchte Herrscher in der Pfalzkapelle zu Aachen von den Herzögen und obersten Grafen zum König gewählt. Als der Erzbischof von Mainz verkündete, dass seine Wahl dem Willen Gottes entspreche, war für unseren Mann klar, dass er direkt von Gott zum König bestimmt sei. Er hatte außenpolitisch großen Erfolg, denn er besiegte die Ungarn 955 und verschaffte so dem Reich Sicherheit an seinen Grenzen. Er übernahm die Schutzherrschaft über den Papst, über die Stadt Rom und sogar über die gesamte Christenheit. Dafür ließ er sich vom Papst zum Kaiser der Deutschen krönen. Die Vertreter der Kirche ließ er an der Macht teilhaben, denn er gestand ihnen das Recht zu, ihr Landesgebiet auch politisch zu verwalten. Er wählte die Bischöfe aus; nach deren Tod konnte er über den Besitz wieder verfügen. So sicherte er seine Machtstellung. Von vielen wird unser berühmter König und Kaiser noch heute als der „Vater der Deutschen" bezeichnet.

Nummer 3

Bei der Herrschaftsausübung und besonders bei seinen Kriegszügen war er auf die Unterstützung der mächtigen Reichsfürsten angewiesen. Die Fürsten wollten sich nicht länger mit ihrer untergebenen Rolle zufrieden geben. Sie verlangten nach größerer Macht und Unabhängigkeit.

So hatte unser Herrscher ein großes Problem: Einerseits brauchte er die Unterstützung der Fürsten, andererseits wollte er seinen Herrschaftsanspruch nicht aus den Händen geben. Er machte nicht den Fehler, auf seine alten Rechte zu pochen. Vielmehr erließ er ein Gesetz, das den Fürsten in ihren Forderungen weit entgegenkam. Sie erhielten in ihren Gebieten das Recht eigene Steuern zu erheben, eigene Gesetze zu erlassen, eine eigene Gerichtsbarkeit zu besitzen und vieles andere mehr. Er ging sogar noch weiter: Besitztümer, die den Fürsten einmal abgenommen worden waren, sollten diese wieder zurückerhalten. Als Gegenleistung verlangte er absolute Treue zum Reich und seinem Herrscher.

Seine Idee gilt noch immer als genial: Wer die Macht behalten will, muss auf Verbündete zählen. Man sichert seine Macht, indem man einen Teil davon abgibt.

Nummer 4

Wer darf die Bischöfe einsetzen? Über diese Frage lag dieser Herrscher viele Jahre lang im Streit mit dem Papst. Fast wäre er dabei zu weit gegangen, als er nämlich den Papst seines Amtes enthob. Der Papst ließ sich das nicht bieten und setzte seinerseits unseren König ab; außerdem verhängte er den Kirchenbann über ihn. Ein Herrscher ohne päpstlichen Segen? Das gefiel den mächtigen Fürsten gar nicht und sie überlegten, ob sie einen neuen König aus ihren Reihen wählen sollten. Für unseren König war eine gefährliche Situation entstanden. Er machte sich auf nach Canossa, wo sich der Papst aufhielt. Drei Tage stand er barfuß im Vorhof der Burg, bis der Papst sich seiner erbarmte und ihn empfing. Es sollen Tränen der Reue geflossen sein und am Ende der Verhandlungen hob der Papst den Bann wieder auf. Trotzdem dauerte der Streit noch jahrzehntelang an, bis man sich schließlich auf einen Kompromiss einigte: Das Recht auf die Investitur, also auf die Einsetzung der Bischöfe, war nun wieder das alleinige Recht des Papstes. Der König sollte aber auch bei der Wahl der Bischöfe und Äbte anwesend sein und diesen das Zepter überreichen.

Manche meinen, der Gang nach Canossa sei für unseren Herrscher eine Demütigung gewesen. Andere urteilen, er sei ganz schön clever gewesen, weil er nur so seine Macht habe sichern können.

Herrscher Nr. 1 heißt _____
und lebte von/bis: _____
Vier Dinge über ihn werde ich mir merken:
① _____
② _____
③ _____
④ _____
Bild: ☐

Herrscher Nr. 2 heißt _____
und lebte von/bis: _____
Vier Dinge über ihn werde ich mir merken:
① _____
② _____
③ _____
④ _____
Bild: ☐

Herrscher Nr. 3 heißt _____
und lebte von/bis: _____
Vier Dinge über ihn werde ich mir merken:
① _____
② _____
③ _____
④ _____
Bild: ☐

Herrscher Nr. 4 heißt _____
und lebte von/bis: _____
Vier Dinge über ihn werde ich mir merken:
① _____
② _____
③ _____
④ _____
Bild: ☐

Landleben im Mittelalter: Wie ernährten die Bauern immer mehr Menschen?

☞ Diese Aufgabe bezieht sich auf die Seiten 230 und 231.

Genügend Nahrung für alle zu haben, das war das größte Problem, das die Bauern im Mittelalter zu lösen hatten. Als besondere Schwierigkeit kam noch hinzu, dass die Bevölkerung immer weiter zunahm. Einer ganzen Reihe kluger Erfindungen ist es zu verdanken, dass die Erntemenge im Verlaufe der Jahrhunderte um das Doppelte und später sogar um das Achtfache zugenommen hat.

Euer Auftrag: *Vier ganz wichtige Erfindungen findet ihr auf dieser Seite abgebildet. Füllt die Kästen aus, indem ihr der Erfindung einen Namen gebt und beschreibt, wie durch sie die Ernteerträge gesteigert werden konnten.*

Die Erfindung heißt
_____
und verbesserte die Ernteerträge, weil …

vor der Erfindung   …und danach

20

Leben auf der Burg – Wir spielen einen Gerichtstag

☞ Diese Aufgabe bezieht sich auf die Seite 239.

14. Juni 1263: Heute ist Gerichtstag auf der Burg und das ist wie immer ein spektakuläres Ereignis. Die Verhandlungen finden öffentlich und im Freien statt. Deshalb steht das Burgtor weit offen. In Scharen drängen die Menschen in den Burghof. Niemand aus der Umgebung möchte sich den Gerichtstag entgehen lassen. Zwei Klagen gilt es heute zu verhandeln:

① Der Bauer Josef wird beschuldigt, im Wald des Burgherrn einen Hasen erlegt zu haben. Es droht ihm eine lange Kerkerhaft im Burgverlies, möglicherweise auch eine Auspeitschung, ein Versenken im Burgbrunnen für mehrere Minuten (überlebt er, ist er frei; stirbt er, war es eine gerechte Strafe). Auch kann der Burgherr ihn öffentlich zum Gespött der Leute mehrere Tage mitten im Dorf an den Pranger stellen lassen. Er kann aber auch frei gesprochen werden, je nachdem wie es dem Burgherrn und seinen Schöffen beliebt.

② Die Bauern Hyronymus, Gottfried und Melchisedech bringen eine Klage gegenüber dem Burgherrn vor. Sie werden vortragen, dass sie den Frondienst für ihn nicht mehr leisten können. Zu hoch sind die Abgaben von der eigenen Ernte, zu viel Zeit müssen sie für die Arbeit für den Grafen aufbringen. Sie können so ihre Felder nicht mehr richtig bewirtschaften. Ihren Familien droht der Hungertod. Der Burgherr kann sich gnädig zeigen und die Lasten um einen Teil verringern; er kann sie aber auch wegen ihres Aufbegehrens bestrafen, ganz wie es ihm beliebt.

Euer Auftrag: *Teilt die Rollen in der Klasse auf und spielt die Verhandlungen.*

Bauer Josef
beschwört, er sei unschuldig. Er habe nur ein verirrtes Schaf im Wald des Grafen suchen wollen. Fleht um Gnade für sich und seine 16-köpfige Familie.

Der Burgherr
Er leitet die Verhandlungen, stellt die Fragen, berät sich mit seinen Schöffen, verkündet die Urteile.

Zwei Schöffen
Sie sind Ritter, die dem Grafen dienen. Sie können auch Fragen stellen und beraten mit dem Burgherren über die Urteile.

Die Zeugen Bernhard und Gernot
sind Bauern, die behaupten, sie hätten Josef mit dem Hasen gesehen. Sie versprechen sich von ihrer Zeugenaussage ein Entgegenkommen des Burgherrn bezüglich ihrer Abgaben.

Zwei Waffenknechte
Sie holen den Bauern Josef aus dem Burgverlies, sitzen während der Verhandlungen neben dem Angeklagten bzw. den klagenden Bauern und achten darauf, dass die Anwesenden sich gut benehmen.

Hyronimus, Gottfried und Melchisedech
Sie tragen nach dem Fall Josef ihre Klage vor.

Das Volk aus dem Herrschaftsgebiet des Burgherrn
versammelt sich im Burghof und folgt den Verhandlungen mit größter Aufmerksamkeit. Die Menschen hoffen sehr, dass der Graf der Klage der drei Bauern stattgeben wird und die Fronlasten für alle verringert.

Zwei Gerichtsschreiber
Sie halten die wichtigen Schritte und das Ergebnis der Verhandlungen schriftlich fest. Wenn etwas unklar ist, können sie Fragen stellen.

Leben im Kloster –
Wir berichten vom Alltag des kleinen Markus

☞ Diese Aufgabe bezieht sich auf die Seiten 244 bis 247.

Wenn erwachsene Touristen heutzutage eine mittelalterliche Klosteranlage besuchen, fragen sie sich oft: Wie wird wohl das Leben im Mittelalter darin ausgesehen haben? Mithilfe des Beispiels vom kleinen Markus könnt ihr über das klösterliche Alltagsleben berichten. Benutzt auch das Kreisdiagramm, um einen seiner typischen Tagesabläufe zu erzählen.

Euer Auftrag:
1. Schreibt zu den verschiedenen Punkten auf, was ihr vom Leben des Klosterschülers Markus wisst.
2. Malt das Kreisdiagramm farbig aus und erzählt mit seiner Hilfe einen möglichen Tagesablauf im Leben von Markus.

① **So kam der kleine Markus ins Kloster:**
_____
_____
_____

② **Diese verschiedenen Dinge musste er in der Klosterschule lernen:**
_____
_____
_____

③ **So lebte er in der Gemeinschaft mit den Mönchen zusammen:**
_____
_____
_____
_____
_____

④ **Wenn er sich in der Schule geschickt anstellte, wartete folgende Chance auf ihn:**
_____
_____
_____

⑤ **Ein normaler Tag in seinem Leben begann frühmorgens um zwei Uhr mit …**
_____
_____
_____
_____

22

© Schöningh Verlag 3-14-034524-0

Leben in der mittelalterlichen Stadt – Ein Tag bei einer Kölner Metzgerfamilie

☞ Diese Aufgabe bezieht sich auf die Seiten 260 und 261.

Du hast das große Los gewonnen. Als Einzige oder als Einziger aus deiner Klasse darfst du dieses Mal die Zeitmaschine besteigen. Der Vergangenheitsanzeiger ist auf den 5. Oktober 1312 eingestellt und so wirst du am Abend dieses Datums im Stadthaus der Familie des Metzgermeisters Nierenstein in Köln zu Gast sein. Oben in einer Kammer wirst du schlafen. Dabei hast du Glück, denn die Familie hat erst seit wenigen Jahren Glas in den Fenstern, ein ungeheurer Luxus, den die Nierensteins sich leisten konnten, weil Meister Friedhelm es zu einigem Wohlstand gebracht hat. Unten siehst du die Familie beim Abendessen. Der freie Stuhl ist für dich reserviert. Am Tisch sitzen Meister Friedhelm, seine Ehefrau Frieda, die Tochter Sarah (12 Jahre) und der Sohn Gundolf (10 Jahre). Ein Metzgergeselle und ein Knecht sitzen auch am Tisch. Die Magd Martha serviert das Essen. Du wirst diesen Abend, die Nacht und einen ganzen Tag im Haus der Nierensteins verbringen. Deine Klassenkameraden beneiden dich sehr. Sie wollen, dass du ihnen alles genau berichtest, wenn du von deiner Zeitreise zurückkommst. Was gab es zu essen? Wie verbringen die Familienmitglieder ihren Tag? Wie gut hast du geschlafen? Wann beginnt, wann endet der Arbeitstag? Müssen die Kinder mithelfen?
Das sind nur einige der Fragen, auf die deine Klassenkameraden Antworten haben wollen.

Dein Auftrag:

Berichte so anschaulich wie möglich von deinem Tag bei Familie Nierenstein. Dabei solltest du die Informationen im Buch berücksichtigen, aber auch deiner Fantasie freien Lauf lassen, damit dein Bericht spannend wird. (Zum Beispiel könnte in der Nacht etwas Unvorhergesehenes passieren.)

Zuerst fielen mir die Speisen auf dem Tisch auf. Es gab …

Romanische und gotische Kirchen

☞ Diese Aufgabe bezieht sich auf die Seiten 258 und 259.

Kaum irgendwo sonst ist die Zeit des Mittelalters so deutlich geblieben wie in den Kirchenbauten, die überall in Mitteleuropa auch heute noch zu bewundern sind. Dabei sind es vor allem der romanische und der gotische Baustil, die diese Epoche hervorgebracht hat. Doch wo liegen die Unterschiede?

Um dies herauszufinden müsst ihr die Kurzbeschreibungen 1–10 den Fotos der Kirchen zuordnen. Gleichzeitig müsst ihr bei jedem der genannten Merkmale entscheiden, ob es sich um ein gotisches oder ein romanisches Merkmal handelt. Mithilfe der von euch beschrifteten Fotos und der erklärenden Texte zu Gotik und Romanik könnt ihr dann die Unterschiede zwischen Romanik und Gotik erläutern. Wäre doch schön, wenn es euch in Zukunft leicht fällt, überall die gotischen von den romanischen Kirchenbauten des Mittelalters zu unterscheiden.

Euer Auftrag: *Beschriftet die Kirchenfotos richtig. Erklärt dann mithilfe der Fotos die Unterschiede zwischen dem romanischen und dem gotischen Baustil.*

1 flache bzw. nur leicht gewölbte Innenraumdecke

6 zahlreiche Skulpturen und Schmuckformen an den Außenfassaden

2 spitzbogige Innendeckenkonstruktion

7 Rundbögen bei Fenstern, Türen und Öffnungen zwischen dem Haupt- und den Seitenschiffen

3 klare und wuchtige Struktur der Außenfassade

8 kleine Fenster mit geringem Lichteinfall

4 große, meist bunt verglaste Fenster mit viel Lichteinfall

9 relativ geringe Höhe des Mittelschiffes und der Türme

5 weit in den Himmel ragende Außentürme

10 spitze Bögen schließen hoch aufstrebende Fenster und Türen nach oben ab

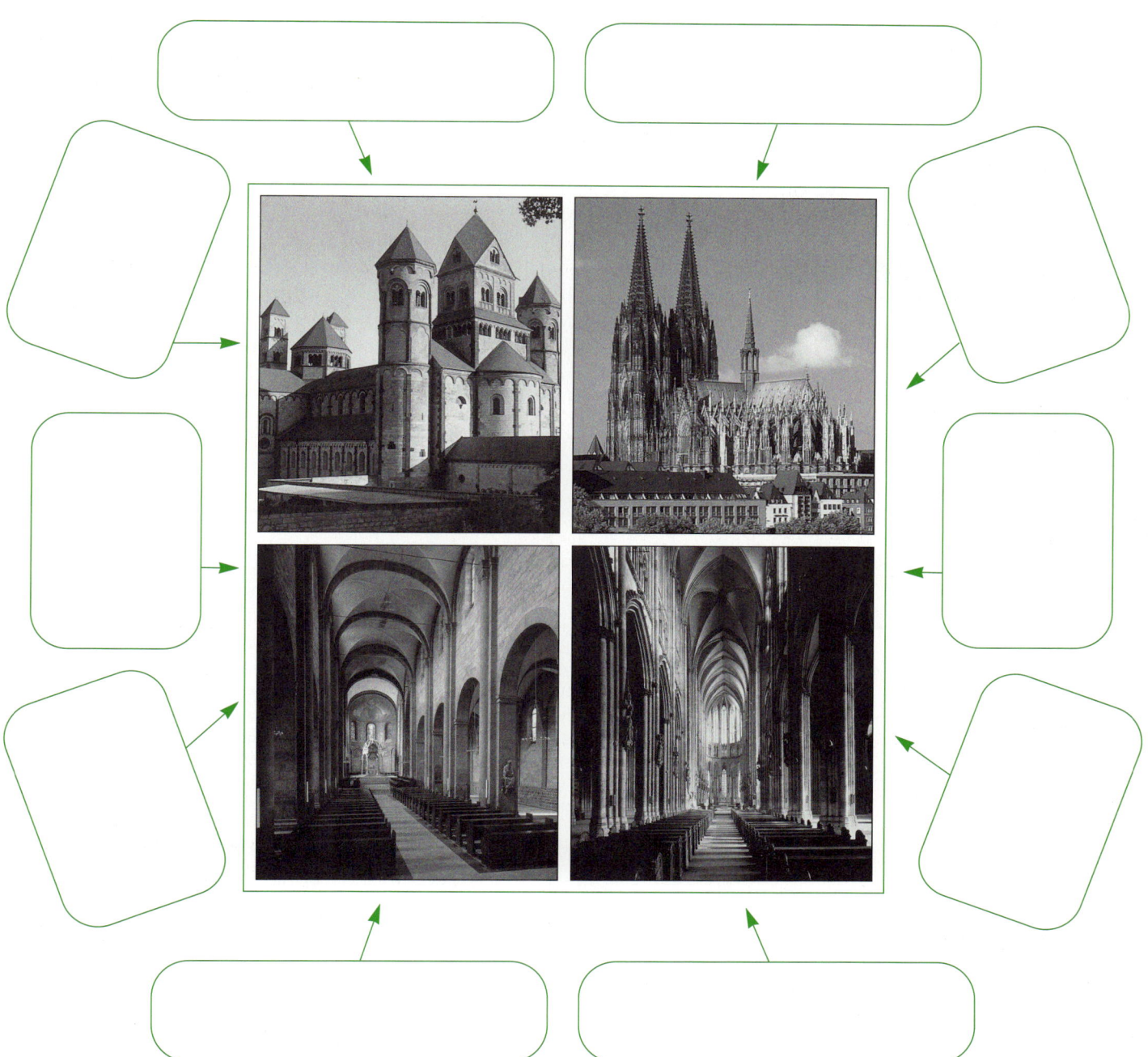

Romanik
Geht auf den Begriff „römisch" zurück und bezeichnet die Stilepoche des Mittelalters, die etwa zwischen dem 10. und dem 12. Jahrhundert liegt. Die Romanik übernimmt Bauformen der Römer. Der romanische Kirchenbaustil ist ernst, schwer und gewaltig. Typisch sind die Rundbögen bei Fenstern und Türen, die schweren Säulen und die flach bis nur wenig gekrümmten Innendecken der Kirchen. Die Außenfassaden weisen relativ wenig Schmuck auf, zeigen aber manchmal Figuren voll von kraftvoller und einfacher Frömmigkeit. Wegen der kleinen Fenster sind romanische Kirchen meist recht dunkel im Inneren.

Gotik
Der gotische Baustil folgt ab dem 12. bis zum 16. Jahrhundert auf den Stil der Romanik. Manche Kirchen weisen auch einen Mischstil zwischen den beiden Stilepochen auf. Der gotische Baustil strebt dem Himmel entgegen. Die Kirchen haben eine gewaltige Höhe. Die Mauerflächen sind durch die hohen und großen Spitzbogenfenster unterbrochen. Die Innendecken sind ebenfalls nach oben gewölbt. Der enorme Druck der Kirchendecke wird durch Strebebögen aufgefangen, die man an den Kirchen gut erkennen kann. In der Zeit der Spätgotik werden die Kirchen mit immer höher strebenden Kirchtürmen geschmückt.

Menschen in der mittelalterlichen Stadt

☞ Diese Aufgabe bezieht sich auf das gesamte Kapitel „Leben in der mittelalterlichen Stadt".

Wie wäre es, wenn ihr einmal euren Klassenraum in einen mittelalterlichen Markt verwandelt. Die Tische sind die verschiedenen Marktstände. Die Stühle werden zur Seite geräumt. Jeder von euch sucht sich eine Person bzw. eine Rolle aus, auf die sie oder er sich vorbereitet. Dann schlendert ihr durch den Raum und stellt euch nach und nach gegenseitig vor.

Dein Auftrag: *Bereite dich auf eine der Rollen vor, indem du dir schriftlich Notizen machst. Wenn du die angegebenen Seiten im Buch noch einmal durchblätterst, wirst du mit Sicherheit nähere Informationen über deine Rolle finden. Du sollst berichten können, wie dein Leben verläuft, welche Rechte du in der Stadt genießt und ob es dir eher gut oder eher schlecht geht.*

„Ich bin der Sohn des Fischhändlers. Ich erzähle, welche Pflichten ich habe und was ich tun muss, um Handwerker zu werden."

„Wir gehören zu den führenden Patriziern in unserer Stadt. Wir erzählen, wie wir leben, und berichten über die Herrschaft in der Stadt."

„Ich bin ein Bauer, der zum Markttag in die Stadt kommt. Ich berichte, warum so viele Menschen vom Land in die Stadt ziehen wollen."

„Ich bin der Knecht Konrad und erst ein halbes Jahr in der Stadt. Ich erzähle, wie ich lebe und arbeite und wie ich bald die Freiheit erreichen kann."

„Ich bin der Fassmacher Paulus. Ich berichte von der Bedeutung der Handwerksberufe in unserer Stadt."

„Ich bin die Witwe des Handwerksmeisters Klaus. Ich berichte von meiner Ehe und von meinen Rechten und Pflichten."

„Ich bin ein fahrender Sänger und erzähle von meinem abenteuerlichen und gefährlichen Leben …"

„Ich bin der Herzog Konrad von Zähringen. Ich berichte, wie ich im Jahr 1120 die Stadt Freiburg gegründet habe und auch, was ich den Kaufleuten, den Bürgern und jedem, der in meine Stadt kommt, versprochen habe."

„Ich bin Herzog Heinrich I. und ich erzähle euch, welche Rechte und Pflichten ich den Kaufleuten und Händlern in meiner Marktordnung von 1256 vorgeschrieben habe."

„Ich bin der Basler Bürger Konrad Iselin und trage euch das traurige Schicksal meiner drei Ehefrauen vor und auch, wie es meinen Kindern ergangen ist."

Christentum und Islam treffen aufeinander: Beginn der Kreuzzüge

☞ Diese Aufgabe bezieht sich auf die Seiten 290 und 291.

Es ist ein kalter Winterabend im Dezember 1095. Ritter Ingbert ist soeben mit seinen Mannen auf seine Burg zurückgekehrt. Sie kommen aus der französischen Stadt Clermont, wo sie am 18. November die Rede des Papstes Urban miterlebt haben. Ingbert ist fest dazu entschlossen, im Frühjahr des nächsten Jahres nach Jerusalem aufzubrechen. Zwischen Ingbert und seiner Frau Uta entwickelt sich am Abend der Rückkehr ein Gespräch.

Euer Auftrag: *Formuliert das Gespräch zwischen Ingbert und seiner Frau zu Ende. Übt es in Partnerarbeit ein und spielt es dann vor der Klasse vor.*

Ingbert: Ich habe die Rede des Papstes in Clermont gehört. Das war für mich und alle anderen Zuhörer ein einmaliges Erlebnis, weil …

_____
_____
_____
_____

Uta: Gegen wen wirst du denn in Jerusalem kämpfen?
Ingbert: Urban hat unsere Gegner als „Hunde" bezeichnet, weil …

_____
_____
_____
_____

Uta: Was ist, wenn du im Kampf stirbst, mein Gatte? Hast du nicht Angst davor, in die Hölle zu kommen?
Ingbert: Keiner der Ritter wird in die Hölle kommen, denn …

_____
_____
_____

Uta: Glaubst du, dass viele nach Jerusalem ziehen werden?
Ingbert: Ja, meine liebe Gemahlin, denn …

_____
_____
_____
_____

Uta beendet das Gespräch, indem sie von ihren Sorgen um das Leben ihres Mannes spricht.

Die Eroberung Jerusalems

☞ Diese Aufgabe bezieht sich auf die Seiten 292 und 293.

Am 15. Juli 1099 erstürmten christliche Kreuzritter die Stadt Jerusalem, die sich zu dieser Zeit unter islamischer Herrschaft befand. Über das schreckliche Ereignis dieser Eroberung liegen uns zwei historische Quellen vor: Einmal ist es der Augenzeugenbericht eines christlichen Kreuzritters aus Sizilien und einmal die Schilderung eines muslimischen Geschichtsschreibers. Leider liegen die beiden Quellentexte hier nur in Bruchstücken vor. Auch sind die christliche und die muslimische Darstellung durcheinander geraten.

Euer Auftrag: *Fügt die beiden Berichte in der richtigen Reihenfolge zusammen und lest sie dann laut vor. (Tipp: Kopie dieser Seite anfertigen und mit der Schere arbeiten.)*

Bruchstück 1: In diesem Augenblick erkletterte einer unserer Ritter die Stadtmauer. Bald nachdem er hinaufgestiegen war, flohen alle Verteidiger von den Mauern in die Stadt, und die Unsrigen folgten ihnen und trieben sie vor sich her, sie tötend und niedersäbelnd, bis zum Tempel Salomons, wo es ein solches Blutbad gab, dass die Unsrigen bis zu den Knöcheln im Blut wateten.

Bruchstück 5: In der Moschee Al Aksa (auf dem Tempelberg) dagegen töteten die Franken mehr als 7000 Muslime, unter ihnen viele Imame, Religionsgelehrte, Fromme und Asketen, die ihr Land verlassen hatten, um in frommer Zurückgezogenheit an diesem heiligen Ort zu leben. Aus dem Felsendom (auf dem Tempelberg) raubten die Franken mehr als 40 Silberleuchter […]

Bruchstück 2: Die Franken nahmen sie (die Stadt) tatsächlich von der Nordseite, morgens am Freitag […] dem 15. Juli 1099. Die Einwohner wurden ans Schwert geliefert, und die Franken blieben eine Woche in der Stadt, während der sie die Einwohner mordeten.

Bruchstück 6: Dann, glücklich und vor Freude weinend, gingen die Unsrigen hin, um das Grab unseres Erlösers zu verehren, und entledigten sich ihm gegenüber ihrer Dankesschuld. Am folgenden Tag erkletterten die Unsrigen das Dach des Tempels, griffen die Muslime, Männer und Frauen, an, […] und schlugen ihnen die Köpfe ab.

Bruchstück 3: Nachdem die Unsrigen die Heiden endlich zu Boden geschlagen hatten, ergriffen sie im Tempel eine große Zahl Männer und Frauen und töteten oder ließen leben, wie es ihnen gut schien. Bald durcheilten die Kreuzfahrer die ganze Stadt und rafften Gold, Silber, Pferde und Maulesel an sich; sie plünderten Häuser, die mit Reichtum überfüllt waren.

Bruchstück 7: Die Flüchtlinge erreichten Bagdad. […] In der Kanzlei des Kalifen gaben sie einen Bericht, der die Augen mit Tränen füllte und die Herzen betrübte. Am Freitag kamen sie in die Hauptmoschee und flehten um Hilfe […] und rührten zu Tränen bei der Erzählung, was die Muslime in dieser erhabenen heiligen Stadt erlitten hatten; die Männer getötet, Frauen und Kinder gefangen, alle Habe geplündert.

Bruchstück 4: Man befahl auch, alle toten Muslime aus der Stadt zu werfen, wegen des unsäglichen Gestanks, denn die ganze Stadt war völlig von ihren Leichen angefüllt.

Die richtige Reihenfolge der Bruckstücke muss lauten:

Text A: christliche Sicht:	Text B: muslimische Sicht:
Nr.	Nr.
Nr.	Nr.
Nr.	Nr.
Nr.	

Weltreligion Islam

☞ Diese Aufgaben beziehen sich auf die Seiten 296 und 297.

„Die fünf Säulen des Islam" sind der zentrale Bestandteil der Lebensregeln, die der Religionsstifter Mohammed verkündet hat.

Euer Auftrag: *Vervollständigt das Schaubild auf dieser Seite, indem ihr es beschriftet und farbig ausmalt.*

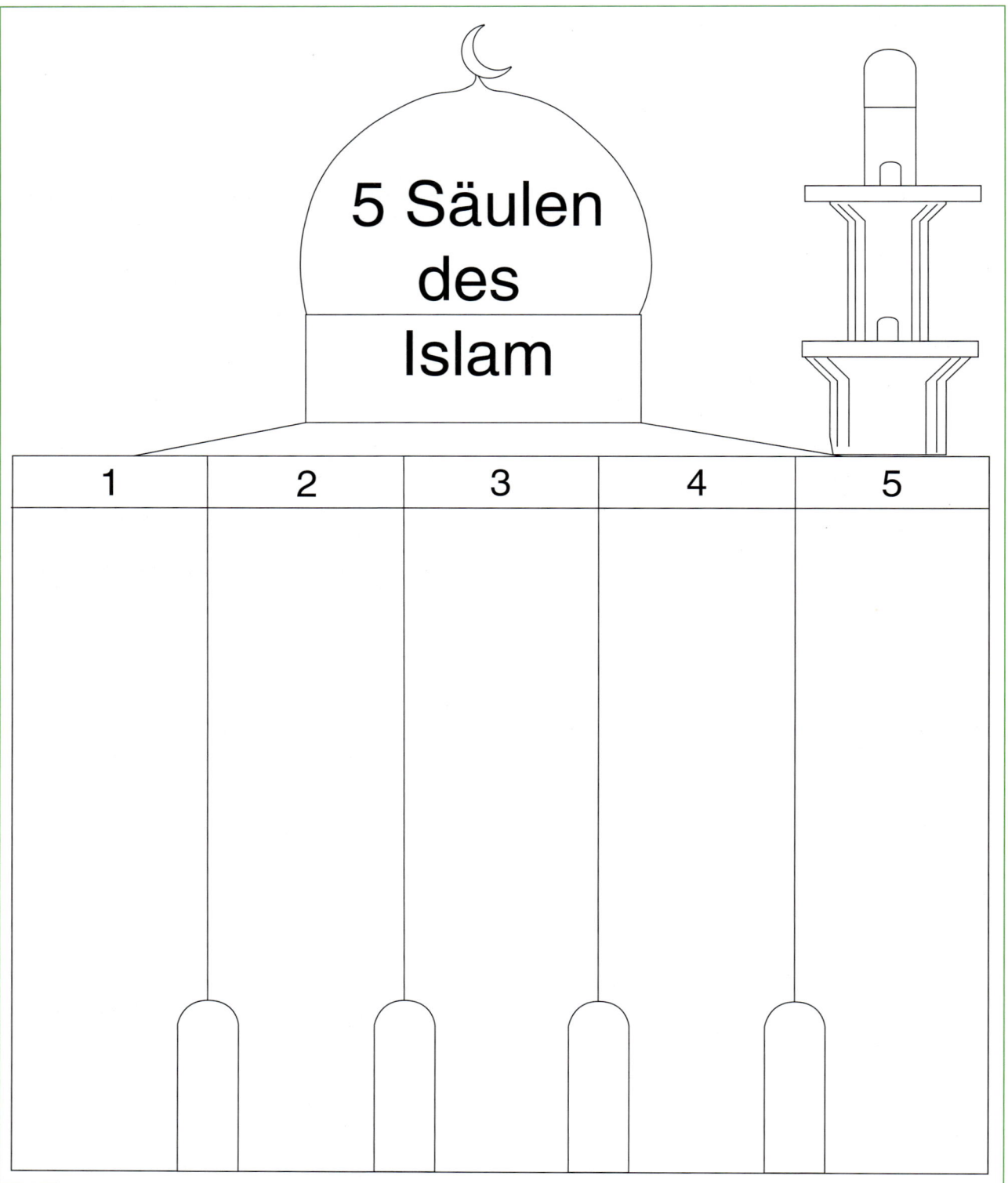

Was man über den Islam unbedingt wissen sollte – ein Quiz

Die richtige Antwort solltet ihr für jede Frage notieren, weil sich die Informationen so besser einprägen. Ihr könnt das Quiz auch für eine Kandidatenbefragung vor der Klasse nutzen (und vielleicht dazu noch weitere Quizkarten entwickeln).

1 Welchen Beruf übte Mohammed aus, bevor er Religionsstifter und Staatsgründer wurde?
- A Kaufmann
- B Politiker
- C Wissenschaftler

2 In welchem Jahr wurde Mohammed geboren?
- A 420 n. Chr.
- B 570 n. Chr.
- C 810 n. Chr.

3 In welcher Stadt begann Mohammed mit der Gründung eines islamischen Staates?
- A in Bagdad
- B in Akku
- C in Mekka

4 Wie wurden die Nachfolger Mohammeds genannt?
- A Propheten
- B Scheichs
- C Kalifen

5 Wann geriet Jerusalem in das islamische Herrschaftsgebiet?
- A 637 n. Chr.
- B 1066 n. Chr.
- C 1451 n. Chr.

6 In welchem Jahr drangen muslimische Heere nach Europa vor und eroberten Spanien?
- A 711 n. Chr.
- B 732 n. Chr.
- C 800 n. Chr.

7 Was bedeutet das Wort „Islam" in deutscher Übersetzung?
- A Ideales Gottesbild
- B Ergebung (in Gottes Willen)
- C Leben in Armut

8 Welche Aussage trifft für Mohammeds Lehre zu?
- A Das Schicksal des Menschen ist von Gott vorherbestimmt.
- B Das Schicksal hängt vom eigenen Willen ab.
- C Der Mensch braucht Gott nicht zu fürchten.

9 Wie oft sollen Muslime nach der Lehre Mohammeds täglich beten?
- A einmal
- B dreimal
- C fünfmal

10 Gemeinsam glauben Christen und Muslime an nur einen Gott. Wie nennt man eine solche Religion?
- A monotheistisch
- B polytheistisch
- C monogam

© Schöningh Verlag 3-14-034524-0

Aufbruch in eine neue Zeit
Nikolaus Kopernikus stellt sein neues Weltbild vor

☞ Diese Aufgabe bezieht sich auf die Seiten 314 und 315.

Stellt euch einmal vor: Ihr befindet euch im Jahr 1540 und seid Nikolaus Kopernikus. Euer Buch „Über die Umläufe der Himmelskörper" wird zwar erst in drei Jahren erscheinen, aber euer neues Weltbild ist bereits fix und fertig entwickelt. Vor interessierten Kollegen sollt ihr euer Leben und eure neue Lehre vorstellen.

Euer Auftrag:

Szene 1: Macht euch Notizen und sprecht dann über euer bisheriges Leben, warum es gefährlich war und warum ihr Humanist geworden seid.
Szene 2: Erklärt mithilfe der Zeichnung, was euer neues Weltbild vom alten unterscheidet.
Szene 3: Nun könnt ihr euch vorstellen, es sei tatsächlich zu einem Zusammentreffen des Kopernikus mit dem Kirchenvertreter Roberto Bellarmin gekommen. Schreibt dazu einen Dialog.
→ Spielt dann die Szenen vor der Klasse vor. (Besorgt euch aus Lexika oder dem Internet weitere Informationen über das Leben des Kopernikus.)

Szene 1: Ich, Nikolaus Kopernikus, werde euch über mein Leben berichten…

Szene 2: … und ich erkläre euch, was neu ist an meinem Weltbild.

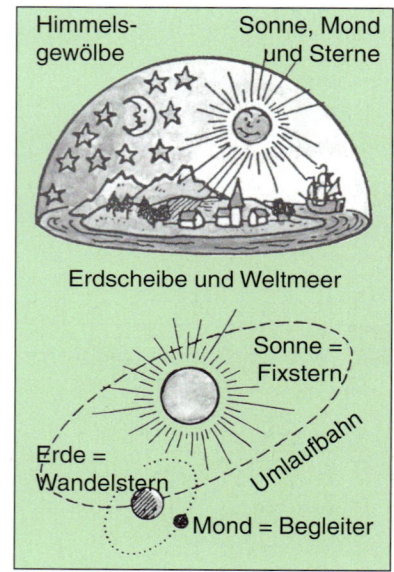

Himmelsgewölbe — Sonne, Mond und Sterne
Erdscheibe und Weltmeer
Sonne = Fixstern
Erde = Wandelstern
Umlaufbahn
Mond = Begleiter

Szene 3: Kopernikus:
Verehrter Herr Bellarmin, ich möchte die Vertreter der Kirche nicht beleidigen, aber…

Roberto Bellarmin, Vertreter der Kirche:
Eure neue Lehre ist aber eine große Beleidigung für die Kirche, weil…

Die Humanisten:
Wer sind sie, was haben sie geleistet?

☞ **Diese Aufgabe bezieht sich auf die Seite 316.**

Euer Auftrag:
1. Findet heraus und notiert, wer die abgebildeten Personen sind.
2. Macht einige Angaben über ihr Leben und ihre besonderen Leistungen.
3. Formuliert das Motto, das als Überschrift über ihrem Leben stehen könnte.

Warum ist Gutenberg „Mann des Jahrtausends"?

☞ Diese Aufgabe bezieht sich auf die Seiten 318 und 319.

Die Erfindung des Buchdrucks durch Johannes Gutenberg gilt noch heute als die folgenreichste Erfindung des ausgehenden Mittelalters. Sie hat entscheidend den Aufbruch in eine neue Zeit mit vorbereitet.

Euer Auftrag: *Füllt die Seite aus und benutzt eure Aufzeichnungen als Grundlage für einen Vortrag über Johannes Gutenberg.*

Wie verlief das Leben dieses Mannes?

Was ist das Besondere an Gutenbergs Bibel?

Welche Veränderungen löste Gutenbergs Erfindung aus?

Renaissance, Humanismus, Frühkapitalismus – Was gehört wozu?

☞ Diese Aufgabe bezieht sich auf die Seiten 310/311, 314–316 und 283.

Renaissance, Humanismus und Frühkapitalismus leiten den Übergang vom Mittelalter in die Neuzeit ein. Über die wichtigsten Merkmale dieser drei Entwicklungen sollte jede Schülerin und jeder Schüler einigermaßen genau Bescheid wissen.

Euer Auftrag: *Lest die zwölf Aussagen auf dieser Seite durch. Entscheidet für jede, ob sie ein Merkmal der Renaissance, des Humanismus oder des Frühkapitalismus beschreibt. Prägt euch für jede Bewegung die wichtigsten Merkmale ein.*

	Dieses Merkmal...	...gehört wozu?
1	Übersetzt bedeutet der Begriff „Wiedergeburt" und bezeichnet eine Epoche in der Kunst zwischen 1350 und dem Beginn des 16. Jahrhunderts.	
2	Man kann den Namen mit „dem Menschen verpflichtet" übersetzen.	
3	Mit dem Begriff bezeichnet man eine Form des Wirtschaftens, welche die Kaufleute in den Städten am Beginn der Neuzeit (etwa ab 1500) entwickelten.	
4	Es geht dieser Bewegung darum, dass der Mensch lernen soll, seine individuelle Persönlichkeit und Freiheit zu entfalten.	
5	In der Malerei wurde in dieser Zeit die Zentralperspektive entdeckt. Die Porträtkunst entwickelte eine große Genauigkeit in der Darstellung des menschlichen Gesichts.	
6	Das Ziel besteht darin, mit dem Ankauf und dem Verkauf von Waren einen möglichst hohen Geldgewinn zu erzielen.	
7	Die Menschen, welche diese Bewegung anführten, wollten nicht mehr alles glauben, was die offizielle Kirchenlehre ihnen vorschrieb.	
8	Im Laufe dieser Entwicklung wurde allmählich der Tauschhandel (= Ware gegen Ware) durch den Geldhandel (= Ware gegen Geld) in den Hintergrund gedrängt.	
9	In der Bildhauerkunst orientierte man sich wieder an den antiken Formen der alten Griechen und blickte abfällig auf die mittelalterlichen Kunstwerke.	
10	Die Menschen wollten nun forschen, neues Wissen erwerben und ihre eigenen Ansichten über das Leben und die Welt entwickeln.	
11	Parallel zu dieser Entwicklung entwickelte sich von Italien ausgehend das Bankwesen mit Krediten, Zinsen, Konten und bargeldlosem Zahlungsverkehr.	
12	Die Künstler dieser Bewegung verfolgten das Ziel, den Menschen in seinen Proportionen so genau wie möglich darzustellen und so die Vorbilder aus der Antike noch zu übertreffen.	

Merkmale von

Renaissance	Humanismus	Frühkapitalismus
①	①	①
②	②	②
③	③	③
④	④	④

© Schöningh Verlag 3-14-034524-0

Der Aufbruch in ferne Länder: Wer war Christoph Kolumbus?

☞ Diese Aufgabe bezieht sich auf die Seite 321.

Bei dieser Übung müsst ihr einmal in die Rolle einer Geschichtslehrerin bzw. eines Geschichtslehrers schlüpfen. Stellt euch vor, die Klasse, die ihr in Geschichte unterrichtet, hat einen Test über das Leben des Kolumbus geschrieben. Dabei haben einige wohl nicht richtig aufgepasst und Dinge über sein Leben geschrieben, die so nicht stimmen.

Euer Auftrag: *Schaut euch die von den Schülern geschriebenen Sätze an. Findet heraus, was daran falsch ist. Korrigiert die Tests, indem ihr die richtigen Antworten daneben schreibt.*

Vorsicht, hier stimmt etwas nicht!	So ist es richtig!
1 „Über den Lebensweg des Kolumbus weiß die Geschichtsforschung sehr genau Bescheid."	?
2 „Leider sprach Kolumbus nur Portugiesisch und kannte sich zu wenig in der Schifffahrt aus. Deshalb konnte er vieles nicht lesen, was in anderen Sprachen über die Erde und die Kunst der Navigation geschrieben worden war."	?
3 „Als Kolumbus dem portugiesischen König Johann II. seinen Plan vortrug, dass er den Seeweg nach Indien in Richtung Westen über das offene Meer suchen wolle, war der König sofort begeistert und stellte ihm ein Schiff zur Verfügung."	?
4 „Zu seiner Zeit war Kolumbus der Einzige, der glaubte, dass die Erde eine Kugel sei. Alle anderen dachten noch, sie sei eine Scheibe."	?
5 „Am 3. August 1481 stach Kolumbus von Spanien aus mit nur einem einzigen Schiff in westlicher Richtung in See, weil er Amerika entdecken wollte."	?

Das Bordbuch des Kolumbus –
Wir stellen eine zerstörte Quelle wieder her

☞ Diese Aufgabe bezieht sich auf die Seiten 322 und 323.

Im Buch habt ihr gelesen, dass das Original des Bordbuches des Kolumbus bis heute verschollen ist. Wir stellen uns vor, wir hätten das ungeheure Glück, wenigstens zwei Seiten dieses Originals wieder entdeckt zu haben. Leider – wie das so oft der Fall ist – hat der Zahn der Zeit das Original zum Teil zerstört.

Euer Auftrag: *Rekonstruiert das Bordbuch des Kolumbus: Schreibt die fehlenden Wörter in das hier vorliegende „Original" hinein.*

„Um zwei Uhr morgens kam das _____ von dem wir etwa acht Seemeilen _____ waren. Wir legten bei und _____ Anbruch des Tages, der ein _____ war, an welchem wir zu einer Insel gelangten, die in der Sprache der _____ „Guanahani" hieß. Dort erblickten wir sogleich _____ Ich begab mich an Bord eines mit Waffen versehenen Bootes an Land. Dort entfaltete ich die _____ge. Unseren Blicken bot sich eine Landschaft dar, die mit grün _____ bepflanzt und reich an Gewässern und allerhand Früchten war."

„Sofort sammelten sich an jener Stelle _____ _____ der Insel an. In der Erkenntnis, dass es sich um Leute handle, die man weit besser _____ als mit dem Schwert retten und zu unserem _____ bekehren könne, gedachte ich sie mir zu _____ zu machen und schenkte einigen von ihnen rote Kappen und _____ und noch andere Kleinigkeiten von _____ Wert, worüber sie sich ungemein _____ zeigten. Sie wurden so gute Freunde, dass es eine helle Freude war. Sie erreichten _____ und brachten uns Papageien, _____ Baumwollfäden, lange Wurfspieße und viele andere Dinge noch."

© Schöningh Verlag 3-14-034524-0

Zwei historische Karten richtig gelesen

☞ Diese Aufgabe bezieht sich auf die Seiten 324 und 325.

Auf dieser Seite findet ihr eine Karte des Paolo Toscanelli aus dem Jahr 1470, die Kolumbus zur Verfügung stand, als er 1492 auf Entdeckungsreise ging. Hier ist sie unterlegt mit einem heutigen Kartenbild, sodass ihr die Unterschiede gut erkennen könnt. Die zweite Karte stammt aus dem Jahr 1529.

Euer Auftrag:

Ihr sollt die beiden Karten schriftlich deuten und dann erklären, was sich im Wissen über das Aussehen der Erde zwischen 1470 und 1529 verändert hat.

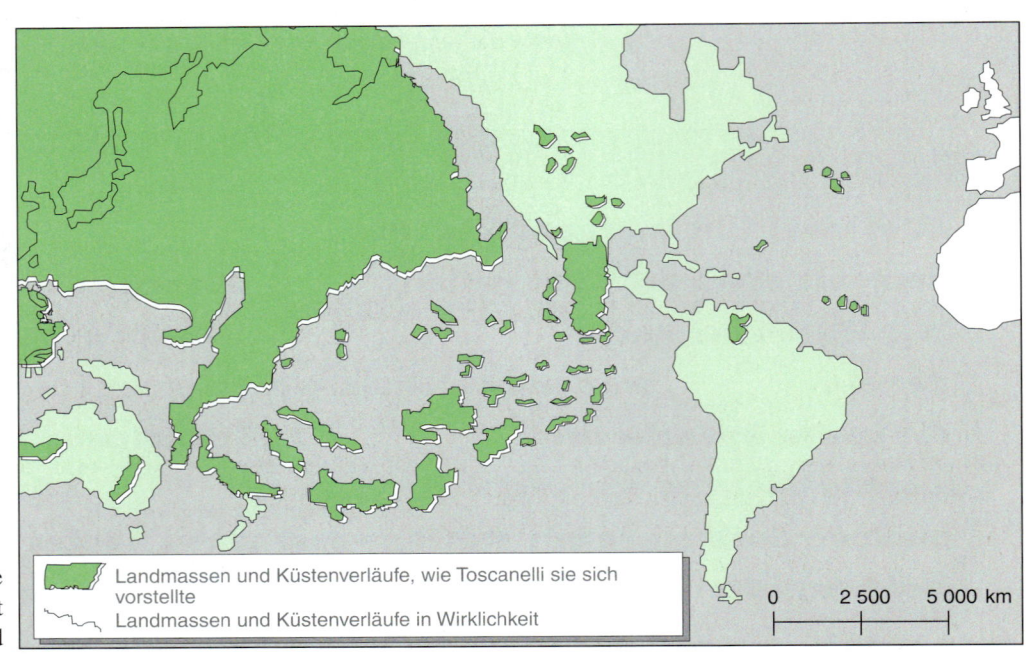

Toscanellis Weltkarte von 1470 mit heutigem Kartenbild

- Landmassen und Küstenverläufe, wie Toscanelli sie sich vorstellte
- Landmassen und Küstenverläufe in Wirklichkeit

1. Beschreibung: Wie hat sich Toscanelli den Weg des Kolumbus von Spanien nach Indien vorgestellt? (Seine Vorstellung von Indien erkennt ihr hier in der dunkler grünen Festlandmasse.)

2. Rückschlüsse ziehen: Was hat Kolumbus vor seiner Entdeckungsreise nicht wissen können (was wir aber heute ganz genau wissen)?

3. Deine Deutung: Wie wichtig war die Reise des Kolumbus für den Fortschritt der Menschheit?

① ?
② ?
③ ?
④ ?
⑤ ?

59 Jahre später:
eine historische Karte
aus dem Jahr 1529

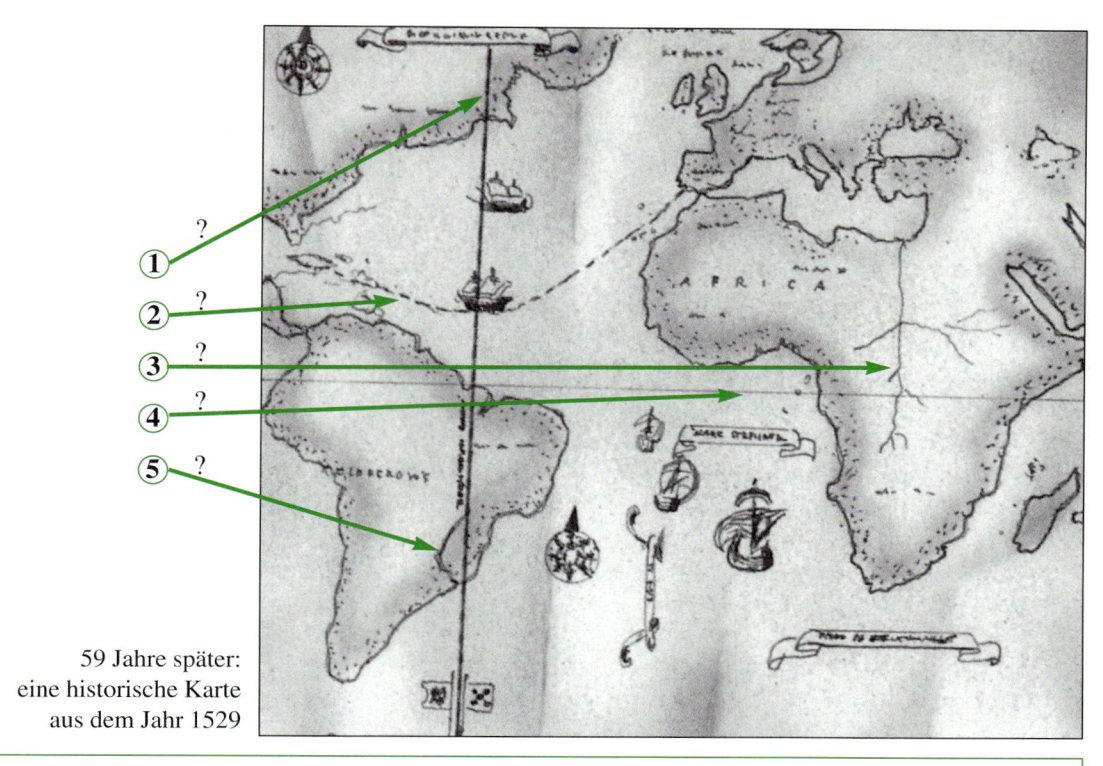

1. Beschreiben: Was zeigt die Karte? Gebt erst einen groben Überblick und beschreibt dann die interessanten Einzelheiten. (Beachtet dazu die Pfeile.)
2. Rückschlüsse ziehen: Wie genau entspricht das Weltbild von 1529 dem heutigen tatsächlichen Bild der Erde? Erklärt Übereinstimmungen und erkennbare Abweichungen.
3. Antworten formulieren auf Untersuchungsfragen:
Was hat sich im Wissen über die Erde zwischen 1470 und 1529 verändert?
Welche Erklärung habt ihr für diese Veränderungen?

Ein Diener Atahualpas klagt die spanischen Eroberer an

☞ **Diese Aufgabe bezieht sich auf die Seiten 328 bis 331.**

Im Buch habt ihr aus der Sicht des Augustinermönches Fray Celso Gargia erfahren können, wie die Europäer das Reich der Inkas erobert haben und wie mitleidslos der Konquistador Francisco Pizarro mit der indianischen Urbevölkerung umgegangen ist. Hier könnt ihr die Sichtweise wechseln und die Ereignisse in den Jahren 1532 und 1533 aus der Sicht eines Dieners des Inkaherrschers Atahualpa erzählen.

Euer Auftrag:

Stellt euch vor, ihr seid ein treuer Diener des Inkaherrschers Atahualpa. Ihr habt den Herrscher begleitet, als er am 16. November 1532 auf der Plaza von Caxamalca mit Francisco Pizarro zusammentraf. Ihr habt die Ermordung der 12000 Indianer erlebt und ward bei eurem Herrscher in den Monaten der Gefangenschaft bis zum 29. August 1533. Einige Jahre nach dem Tod Atahualpas erhebt ihr eure Stimme.
1. Berichtet aus der Sicht des Indianers, was mit Atahualpa und seinem Volk passiert ist.
2. Erhebt Anklage gegen die Vorgehensweise der spanischen Konquistadoren.

1a) Mein Herrscher Atahualpa war der größte Fürst der Erde, bis die Eroberer kamen. Ich habe ihn begleitet, als er den Spanier Pizarro traf, und will euch von den schrecklichen Ereignissen dieses Tages berichten: …

2) So lautet meine Anklage gegen die spanischen Eroberer: …

1b) Das, was ich euch nun erzähle, hat mein Herrscher in der Gefangenschaft bis zu seinem Tode erleiden müssen: …

Berichtet auch von dem Ereignis, das auf diesem Bild dargestellt ist.

40

Religiöser Aufbruch: Wer war Martin Luther?

☞ Diese Aufgabe bezieht sich auf die Seiten 340 bis 343.

Jede Schülerin und jeder Schüler sollte erklären können, warum es die Trennung der Christen in eine katholische und eine evangelische Glaubensgemeinschaft gibt und wie es dazu kam. Kenntnisse über Martin Luther sind in diesem Zusammenhang unverzichtbar.

Euer Auftrag: *Nehmt an, Martin Luther könnte aus der Vergangenheit zu euch sprechen. Füllt die Sprechblasen so aus, wie er es womöglich getan hätte. Stellt ihn mithilfe von vier Fragen vor:*
(1) Wer war Martin Luther? (2) Warum kritisierte er die alte Kirche?
(3) Was ist – seiner Ansicht nach – für einen gläubigen Christen das Wichtigste? (4) Was kritisierte er an der Stellung des Papstes?

(1) 1483, 1517, 1521, 1546: Diese vier Lebensdaten über mich solltest du dir auf jeden Fall einprägen, weil …

(2) An der alten Kirche störte mich vor allem der Handel mit Ablassbriefen, weil …

(3) Das sind – nach meiner festen Überzeugung – die wichtigsten Glaubensgrundsätze im Leben eines Christen:

(4) Aus diesen Gründen wollte ich den Papst nicht länger als das absolute Oberhaupt der Kirche anerkennen:

© Schöningh Verlag 3-14-034524-0

Glaubensspaltung und Reformation – Wir erstellen eine Chronik der Ereignisse

☞ Diese Aufgabe bezieht sich auf das gesamte Kapitel von Seite 338 bis 351.

Die Materialien auf dieser Doppelseite umfassen die Zeit zwischen 1515 und 1572. Ihr könnt mit ihrer Hilfe den Prozess der Glaubensspaltung und den Verlauf der Reformation in Deutschland und in Mitteleuropa übersichtlich darstellen. „Leider" stehen die historischen Ereignisse hier ungeordnet untereinander.

Euer Auftrag:

1. Bringt Ordnung in die Materialien, indem ihr die geschilderten Ereignisse fortlaufend nummeriert und so zeitlich in die richtige Reihenfolge bringt.
2. Ordnet jedem der Ereignisse die passende Jahreszahl zu. Dazu könnt ihr noch einmal die entsprechenden Seiten in eurem Buch nachschlagen.

Den Stationen 1 bis 9 müsst ihr die folgenden Jahreszahlen zuordnen:

| 1515 bis 1517 | 1517 | 1521 | 1534 | 1546 | 1549 | 1555 | 1563 | 1572 |

Nr: _____ **Jahreszahl:** _____

In lateinischer Sprache verfasst Luther eine Protestschrift, in der er sich gegen den Ablasshandel und gegen die Missstände in der Kirche wendet. Diese Schrift, bekannt geworden als die „95 Thesen", wird ins Deutsche übersetzt und findet schnell Verbreitung im gesamten deutschen Reich. Der Papst fordert Luther auf, seine Thesen zu widerrufen. Als Martin Luther sich weigert, wird er vom Papst aus der Kirche ausgeschlossen.

Nr: _____ **Jahreszahl:** _____

Der Schweizer Reformator Johannes Calvin und der südwestdeutsche Reformator Ulrich Zwingli gehen ihren eigenen Weg. Sie vereinigen sich und nennen sich in Zukunft „Reformierte".
Bereits 15 Jahre vorher war Johannes Calvin von der schweizerischen Stadt Genf gebeten worden, dort die Reformation durchzuführen. Calvin schuf hier eine neue Kirchenordnung, die das öffentliche und private Leben bis ins Kleinste regelte. Tanz, Spiel, Theater, der Besuch von Wirtshäusern werden in der calvinistischen Reformationsbewegung abgelehnt. Als besondere Tugenden gelten hier Ordnung und Fleiß.

Nr: _____ **Jahreszahl:** _____

Der Papst in Rom benötigt Geld für den Bau einer neuen Kirche, den Petersdom. Zur Finanzierung dieses teuren Vorhabens lässt er „Ablassbriefe" an die Gläubigen verkaufen. Die Käufer dieser Briefe zahlen eine nicht geringe Summe und werden dafür von allen Sünden und aller Schuld befreit. Die Ablassverkäufer kommen auch in die Nähe der Stadt Wittenberg, in der Martin Luther seit 1511 Professor für Theologie ist. Luther wird zum Zeugen dieser Verkäufe und protestiert beim Erzbischof von Mainz gegen die skandalöse Praxis kirchlicher Sündenvergebung. Der Bischof von Mainz antwortet nicht.

Nr: _____ **Jahreszahl:** _____

In England ist König Heinrich VIII. nicht sonderlich begeistert von der Reformation, aber er will die Hofdame Anna Boleyn heiraten. Als der Papst sich weigert, Heinrichs noch bestehende Ehe für ungültig zu erklären, lässt dieser die Scheidung vom Erzbischof von Canterbury vornehmen. Der Papst ist empört und schließt den englischen König aus der Kirche aus. Dieser gründet nun die anglikanische Staatskirche und erklärt sich zu deren Oberhaupt. Die anglikanische Kirche übernimmt das Gedankengut der Reformation Martin Luthers, behält aber auch Traditionen der alten Kirche bei.

42

© Schöningh Verlag 3-14-034524-0

Nr:_____ Jahreszahl:_____

18 Jahre hat das Konzil in Trient gedauert, das nun endlich zu Ende gegangen ist. Die „alte Kirche" hatte hier ihre Schwierigkeiten überwinden wollen, aber die Protestanten waren nicht mehr zu gemeinsamen Beratungen erschienen. Am Ende werden die Lehren Luthers, Calvins und Zwinglis verworfen. Der alte Glaube grenzt sich von den neuen „Irrlehren" ab. Um Missstände in der Kirche künftig zu verhindern, werden die Rechte und Pflichten der kirchlichen Würdenträger und des Papstes neu und klarer formuliert. Die „alte Kirche" grenzt sich von der Reformation ab. Eine Aussöhnung ist nicht in Sicht.

Nr:_____ Jahreszahl:_____

In Frankreich finden die Gedanken Martin Luthers keine große Verbreitung. Nur eine Minderheit von Adeligen und wohlhabenden Bürgern wendet sich den neuen Gedanken zu. Sie orientieren sich dabei an den Lehren des Schweizer Reformators Calvin und nennen sich „Hugenotten" (Eidgenossen). Ihre Vertreter gewinnen mit der Zeit großen politischen Einfluss.
17 Jahre nach dem Augsburger Religionsfrieden kommt es in der so genannten Bartholomäusnacht zu einem Massenmord. Die katholische Königsmutter hatte das Volk gegen die Hugenotten aufgehetzt. Als Folge davon werden in einer Nacht im August Tausende der Hugenotten auf grausame Art und Weise getötet.
Auch heute noch ist Frankreich ein weitgehend katholisches Land.

Nr:_____ Jahreszahl:_____

Nach vielen Auseinandersetzungen kommt es in Augsburg zu einer Verständigung zwischen den „Protestanten" und den Vertretern der „alten Kirche". Von nun an können die lutherische und die katholische Glaubensrichtung gleichberechtigt nebeneinander bestehen. Wer die Herrschaft in einem Gebiet des Reiches ausübt, soll von nun an über den Glauben seiner Untertanen bestimmen. Will ein Gläubiger seiner Religion wegen in ein anderes Gebiet umziehen, so darf er das ohne Benachteiligung erleiden zu müssen tun.
Mit der Einführung dieses Religionsfriedens ist auch die Spaltung der Kirche besiegelt.

Nr:_____ Jahreszahl:_____

Luther stirbt im Alter von 63 Jahren in der Stadt Eisleben. Trotz seiner Verurteilung haben seine Lehren bereits viele Anhänger gefunden. Überall im Land haben sich seit dem Reichstag in Worms vor 25 Jahren evangelische Gemeinden gebildet. Sie verwalten sich selbst, wählen ihre Pfarrer, haben die Beichte abgeschafft und halten ihre Gottesdienste nicht mehr in lateinischer, sondern in deutscher Sprache. Luthers Bibelübersetzung macht ihnen dies möglich. Viele Landesfürsten haben die Lehren Luthers angenommen und die ersten evangelischen Landeskirchen gegründet.

Nr:_____ Jahreszahl:_____

Vier Jahre nach der Verbreitung der 95 Thesen lädt Kaiser Karl V. Luther zum Reichstag nach Worms ein. Da Luthers Lehre inzwischen viele Anhänger gefunden hat, will ihn der Kaiser umstimmen. Einige einflussreiche Fürsten haben sich bereits auf Luthers Seite geschlagen. Der Kaiser befürchtet eine Schwächung seiner Macht durch die Lehren Luthers. Zweimal an zwei aufeinander folgenden Tagen wird Luther von Karl dazu aufgerufen, seine Thesen zu widerrufen. Luther folgt seinem Gewissen und weigert sich, das zu tun. Einen Monat später wird über ihn die „Reichsacht" verhängt. Er gilt nun als vogelfrei und jeder darf ihn töten. Der Kurfürst von Sachsen versteckt Luther auf der Wartburg bei Eisenach.

© Schöningh Verlag 3-14-034524-0

Der Bauernkrieg:
ein Aufstand des kleinen Mannes

☞ Diese Aufgabe bezieht sich auf die Seiten 352 bis 355.

1525 kommt es im Reich zu einem Aufstand der Bauern, wie es ihn bis dahin noch nie gegeben hatte. Warum erhoben sich die kleinen Leute mit Gewalt gegen die Obrigkeit?
Ihr könnt die Gründe darstellen, indem ihr
(A) die Sprechblasen auf dieser Seite mit den Gedanken der Bauern ausfüllt.
(B) Ihr könnt den Verlauf des Bauernkrieges beschreiben, indem ihr die Bedeutung der Zahlen erklärt.

Euer Auftrag: *Bringt die Bilder und die Zahlen „zum Sprechen"!*

Mit einem Dreschflegel vertreibt ein Bauer seinen Grundherrn. Warum tut er das?
_____
_____
_____
_____
_____

Der Bauer auf der rechten Seite deutet mit dem Zeigefinger in den Himmel. Der Bauer auf der linken Seite ist bereit, den offensichtlich sehr hohen Kirchenvertreter mit dem Schwert zu erschlagen. Warum tun die beiden das?
_____
_____
_____
_____
_____
_____

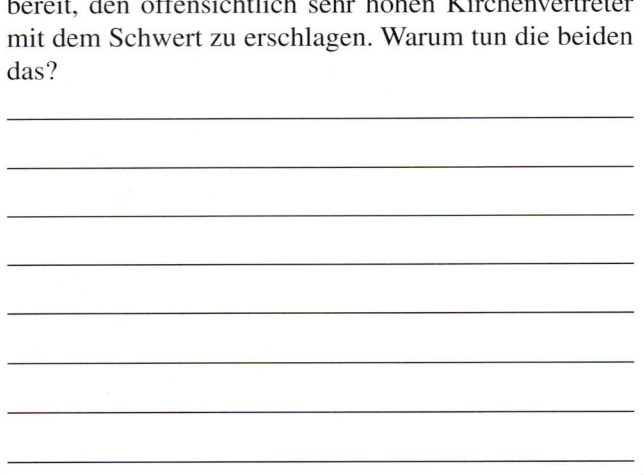

B *Lest zunächst den Text auf Seite 354 und 355 und bringt dann die Zahlen „zum Sprechen".*

① 1525 kam es _____

② Etwa 8000 _____

③ Davon wurden 5000 _____

④ Und 691 _____

⑤ 70 000 bis 75 000 haben insgesamt _____

Wir vertreten die Forderungen der Bauern in freier Rede

☞ Diese Aufgabe bezieht sich auf die Seite 353.

Auf der Seite 353 im Buch sind sieben der insgesamt zwölf Forderungen der Bauern aus ihrer Programmschrift abgedruckt.

Euer Auftrag: *Stellt euch vor: Ihr seid einer der Bauernführer, von denen diese Programmschrift verfasst wurde. Auf einer Bauernversammlung sollt ihr eure Forderungen in einer möglichst überzeugenden Rede vortragen. Notiert dazu euer Redemanuskript in einer gut verständlichen Sprache.*

Meine Rede an meine Bauern

	Tipps:
Meine erste Forderung lautet:	Hier musst du über die Wahl und Abwahl der Pfarrer sprechen.
Die dritte Forderung in unserer Programmschrift lautet:	Sprich hier über die Leibeigenschaft.
So wie es früher Brauch war, fordern wir viertens:	Hier geht es um das Jagdrecht.
Fünftens: Den Gemeinden, in denen wir leben, muss es in Zukunft erlaubt sein,…	Sprich hier über den Wald und das ungerechte Verhalten der Herrschaften.
Sechstens fordern wir:	Die Programmschrift spricht von „Dienstleistungen". Gemeint sind die Frondienste.
Siebtens: Wenn aber Dienste nötig sind,…	Hier machst du ein Kompromissangebot an die Grundherren.
Zum Schluss noch eine unserer wichtigsten Forderungen:	Hier klagst du die Praxis der Rechtsprechung durch die Grundherren an.

© Schöningh Verlag 3-14-034524-0

Der Dreißigjährige Krieg

☞ Diese Aufgabe bezieht sich auf die Seiten 362 bis 365.

Hier könnt ihr euch in die Rolle von Beobachtern des Kriegsgeschehens in der damaligen Zeit versetzen und als Zeitungsredakteure von den schrecklichen Kriegsfolgen berichten.

Euer Auftrag: *Ihr seid Redakteurinnen und Redakteure des „Magdeburger Anzeigers". Ihr bereitet zwei Seiten einer Ausgabe vor, die am Ende der Kriegswirren im Jahr 1648 erscheint. Sucht euch zwei der vorgegebenen Zeitungsschlagzeilen aus und verfasst dazu einen passenden Bericht oder Kommentar. Wenn ihr euch die Arbeit zu zweit oder zu dritt aufteilt, könnt ihr gemeinsam die gesamte Zeitung entwerfen.*

Magdeburger Anzeiger

Seite 1

Die Vorgeschichte: Wie kam es zu diesem Krieg?

Grausame Verbrechen bei der Plünderung eines Dorfes im Spessart

46

Magdeburger Anzeiger — Seite 2

Was erzählt diese Karte Deutschlands über die Schrecken des Krieges zwischen 1618 und 1648?

_____
_____
_____
_____
_____
_____
_____

0 – 15%   15 – 33%   33 – 66%   über 66%

Endlich Friedensverhandlungen in Münster und Osnabrück: Was haben wir davon zu erwarten?

_____
_____
_____
_____
_____
_____
_____
_____
_____
_____
_____
_____
_____
_____
_____
_____
_____
_____

War dieser Krieg ein geeignetes Mittel zur Lösung der Probleme zwischen den Religionsgemeinschaften?

Ein Kommentar von _____

_____
_____
_____
_____
_____
_____
_____
_____
_____
_____
_____
_____

Wir entwerfen ein Flugblatt gegen die Hexenverfolgungen

☞ Diese Aufgabe bezieht sich auf die Seiten 358 bis 361.

Stellt euch vor, ihr befindet euch im Jahre 1650. Seit langem sind euch die Hexenverbrennungen ein Dorn im Auge. Ihr wisst aber auch, dass jeder, der sich gegen die Verfolgung auflehnt, selbst Gefahr läuft angeklagt und verbrannt zu werden. Deshalb beschließt ihr, ein Flugblatt zu verfassen, das ihr heimlich an öffentlichen Plätzen und Straßen, an Wegkreuzungen auf dem Land usw. anbringen wollt. Euer Ziel ist es, die Bevölkerung wachzurütteln und dazu aufzufordern, sich gegen die Verfolgungen zu wehren.

Euer Auftrag: *Nehmt ein leeres Blatt, entwerft euer Flugblatt und stellt es der Klasse vor.*

Hört endlich auf mit den Hexenverfolgungen!!!

Mit diesem Flugblatt wollt ihr

- den Menschen im Land klar machen, welche schrecklichen Ausmaße die Verfolgungen angenommen haben;

- ihnen erklären, warum die Methoden der Verfolgung unerträglich geworden sind;

- sie davon überzeugen, dass es sich bei den beschuldigten Frauen um unschuldige Opfer handelt;

- zu einer Beendigung des Hexenwahns aufrufen.